KB025531

심리학으로 말하다

애도

심리학으로 말하다

애도

초판 1쇄 발행 | 2022년 4월 5일

지은이 | 리처드 그로스
옮긴이 | 양성애
펴낸이 | 조승식
펴낸곳 | 돌배나무
공급처 | 북스힐
등록 | 제2019-000003호
주소 | 01043 서울시 강북구 한천로 153길 17
전화 | 02-994-0071
팩스 | 02-994-0073
홈페이지 | www.bookshill.com
이메일 | bookshill@bookshill.com

ISBN 979-11-90855-13-6
      979-11-90855-00-6 (세트)
정가 13,500원

• 이 도서는 돌배나무에서 출판된 책으로 북스힐에서 공급합니다.
• 잘못된 책은 구입하신 서점에서 교환해 드립니다.

심리학으로

13
GRIEF

말하다

애도

Richard Gross | 양성애 옮김

리처드 그로스 Richard Gross는 영국 최대 사별 지원 단체인 크루즈 사별 지원 센터 Cruse Bereavement Care에서 재직 중이다. 지난 30년간 다수의 심리학 저서를 집필했다.

양성애는 성균관대학교 사학과를 졸업하고 영화 마케터로 활동하다, 이화여자대학교 통·번역대학원 한영번역과를 졸업하고 현재 이화여자대학교 통·번역연구소 번역연구원으로 일하고 있다. 번역 작품으로는 연극 '식구The Big Meal가 있다.

01

상실과 사별, 애도의 의미

몇 해 전, 크루즈 사별 지원 센터Cruse Bereavement Care에서 사별하는 방법에 대한 기초 과정을 진행하며 애도에 관한 책을 써야겠다고 생각했다. 당시 수업에서는 애도의 본질과 경험, 애도의 여러 형태, '정상적'이고 '건강한' 애도에 관한 사회의 믿음과 태도를 다루었다. 또한, 죽음과 애도에 관한 사회 문화적 태도, 우리가 애도하는 이유와 목적을 설명한 이론도 살펴보았다.

　이론은 일반화를 전제로 하기 때문에 한계가 있다. 모두에게 똑같이 적용하기 위해 만들어진 것이기 때문이다. 하지만 사별한 사람들과 상담을 진행한 지 얼마 지나지 않아, 나는 사람마다 각기 고유한 애도의 방법이 있다고 확신하게 되었다. 일반화는 개념의 틀을 제공할 수는 있지만, 실제 사람들은 이론적 유형이나 패턴에 들어맞지 않는다.

가까운 이를 잃었던 내 경험에 비추어 볼 때, 우리가 각기 다른 애도 반응을 보이는 이유는 상대의 죽음이 끼치는 여파가 어떠할지 실제 죽음이 닥치기 전에는 알 수 없기 때문이다! 이론상 예측되는 반응은 추측일 뿐 실제로는 전혀 다른 반응을 보이는 경우가 대부분이다. 우리는 누군가의 죽음 후에야 상대와 나의 관계가 어떤 의미였는지를 깨닫게 되는 것인지도 모른다. 우리가 애도하는 대상은 그 사람과 실제로 가졌던 관계가 아니라 우리가 '생각한' 관계, 혹은 갖기 '바랐던' 관계일지도 모르겠다. 사람 사이의 관계가 복잡한 만큼 애도 또한 복잡하다.

이번 장과 이어지는 여섯 개의 장에서 개별 사례와 애도에 관한 이론을 살펴볼 것이다. 소개될 사례와 이론은 모두 나름대로 타당하다. 하지만 책장을 넘기기 전, 고인의 죽음을 애도하는 유일하고 '옳은' 방법은 존재하지 않는다는 원칙을 명심하면 좋겠다. 슬픔에는 유효 기간이 없다. 고인에 대한 사랑을 멈출 수 없을 때 누군가는 일평생을 애도하며 살아가기도 한다. 인생에서 유일하게 확실한 것은 죽음과 세금이란 말이 있다. 여기에 '애도'를 추가할 수 있겠다. 죽음과 애도 사이에는 사랑(또는 애착)이 존재한다. 사랑하는 이의 죽음 앞에서 우리는 애도한다.

삼가 조의를 표합니다
————

미국과 영국 같은 서구권 국가에서 '삼가 조의를 표합니다 I'm sorry for your loss'는 유족에게 유감을 표할 때 흔히 사용된다. 이 말을 분석해 보면, 책에 반복적으로 등장하게 될 몇 가지 주요 용어와 가설을 찾을 수 있다. (독자들이 직접 분석을 시도해 봐도 좋을 것이다.)

○○의 사망('서거') 소식을 들었습니다. 고인은 당신의 인생에 중요한 사람이었지요. '사별'은 인생에서 가장 힘든 시련인데, ○○의 죽음을 애도하는 과정을 겪게 되셨군요. 정말 힘들겠지만, 고인의 죽음을 받아들이고 나머지

생을 잘 살기 위해 꼭 필요한 과정입니다.

위의 문장에서 알 수 있는 것은 무엇인가? **'사별'**은 나와 감정적으로 가까운 사람(애착 대상)이나 내 인생에 중요한 사람(가족이나 배우자)이 죽었을 때 겪는 상실을 의미한다. **'애도'**는 우리가 사별에 대처하는 방식으로, 매우 다양한 형태로 나타난다. 예측 가능한 한 가지는 우리가 어떤 형태로든 애도를 **'겪게 된다'**는 것이다. 흔히 애도를 사별에 대한 **'보편적'** 반응이라고 정의한다. (모든 문화와 역사 과정 전체에서 관찰되는 현상이라는 의미이다.) 애도는 신체·물리적, 감정·인지적, 영적 경험을 동반하고 다양한 행동으로 나타난다. 애도의 경험과 관련 행동에 대해서는 2장에서 다루겠다.

애도는 피할 수 없을 뿐 아니라, 우리에게 **'꼭 필요한'** 과정이다. 사랑하는 이가 죽었다는 사실을 이해하고 받아들이도록 돕는 우리 나름의 방식(혹은 '자연'의 방식일까?)이기 때문이다. 애도가 피할 수 없는 과정이고, 우리에게 필요한 과정이라는 사실은 우리를 '애도 작업'이라는 개념으로 인도한다. (애도 작업은 고인과 감정적 분리를 통해 새로운 애착 관계를 형성하고 남은 생을 잘 살 수 있도록 노력하는 과정이다.)

일차적 상실과 이차적 상실

위의 분석에서 '상실loss'은 **은유적**으로 사용되었다. 죽음은 열쇠나 휴대폰을 잃어버리듯 고인을 잃어버리는 것이 아니다. (사실, 고인의 죽음에 우리는 어떠한 개입도 하지 않았다.) '죽음'을 '상실'로 표현하는 것은 은유를 넘어 **완곡어법**에 가깝다. '죽음'은 영원하지만 '잃어버렸다'는 말 속에는 다시 찾을 수 있다는 희망이 숨어 있기 때문이다. (우리말 '상실'에는 '아주 사라지거나 없어진'이란 뜻이 있으므로 위 내용은 'loss'라는 영어 단어에만 해당된다.—옮긴이 주) 이는 '죽음'보다 부드럽고 친절한 표현으로 눈앞에 펼쳐진 비극에 대해 상대방이 마음을 다치지 않게 이야기하는 것이다.

'삼가 조의를 표합니다'는 **일차적** 상실에 유감을 표하는 말이다. **누군가** 세상을 떠났고, 이로 인해 **물리적** 상실(고인이 곁에 없는 상태)과 **관계적** 상실(고인과의 관계, 또는 애착 유대와 감정적 교감이 끊겨 버린 상태)을 겪게 되어 유감이라는 의미이다.[1] 중요한 것은, 이 말 속에 함축적이거나 무의식적으로도 일차적 상실이 초래한 이차적 상실은 고려되지 않고 있다는 점이다. 이차적 상실은 사별로 잃는 **모든 것**이다.

사랑하는 이의 죽음이 초래한 모든 결과 혹은 부정적 여파이다. 예를 들어, 남편이나 아내가 죽으면 '기혼자'라는 지위를 즉각 상실하고, 과부 또는 홀아비라는 사회가 (재)정의한 결코 아름답지 않은 새 정체성을 갖게 된다. 이 정도로 명백하거나 '공식적이진' 않지만, 부모를 모두 여의었을 때에도 정체성의 변화를 겪는다. 많은 성인 자녀들이 자신이 고아가 되었다고 말한다. (친척, 또는 친족의 죽음이 주는 다양한 영향은 5장에서 다룬다.)

전통적 관점으로 보면, 여성이 남편과 사별하면 결혼 생활 동안 누렸던 경제적 안정을 잃는다. 남성이 아내와 사별하면 자신을 위해 요리와 빨래 같은 실질적 가사를 해 주던 사람이 사라진다. 이는 모두 본질적으로 **실제적**인 변화이다. 일상생활의 구체적 특징들이며, 원칙적으로는 다른 사람이 쉽게 대신할 수 있는 일들이다. 하지만 이러한 일들이 **심리적** 의미를 갖기도 한다. 부부가 서로를 위해 해 주는 실질적 일들은 현재 진행되고 있는 둘의 관계 중 일부이기에 중요한 의미를 갖는다.

그러나 심리적이나 감정적으로 더욱 중요한 것은 **상징적** 결과이다. 꿈과 희망, 또는 믿음의 상실이 바로 그것이다.[2]

모든 관계는 직간접적으로 **미래 지향적**이다. 그들 앞에 어떤 미래가 펼쳐질지에 대한 희망과 기대를 공유한다. 그러다 한 사람이 죽으면 모든 희망과 계획은 순식간에 깨진다.

아이의 죽음으로 인해 일차적 상실을 겪는다면 꿈의 상실이 더욱 아프게 다가온다. 적어도 서구에서는 아이의 죽음을 '가장 고통스럽고 가슴 아픈 슬픔의 근원'이라고 생각한다.[3] 설명하자면 다음과 같다.

> 자녀의 상실은 영원히 고통스럽다. 아이의 죽음과 함께 부모의 일부가 사라진 것이기 때문이다…… 모든 사회에서 어린아이의 죽음은 가족이나 사회의 실패이자 희망의 상실이다.[4]

유산이나 사산, 영유아 돌연사 등 죽음의 이유와 상관없이 아기를 잃은 부모는 자녀의 인생에 대해 가졌던 꿈과 희망이 모두 깨지는 경험을 한다. 이는 아동기, 청소년, 젊은 성인 자녀의 경우에도 마찬가지이다. 모든 경우에, 자녀의 죽음은 미래 자체가 무너진 듯한 절망으로 다가온다(관련 내용은 5장 참조).

신앙에 의구심을 갖거나 종교를 잠시나마 떠나는 것도 이차적 상실의 예이다. ('이런 일이 생기도록 방관했다면, 과연 신이 존재한다 할 수 있는가?') 일반적으로 바로 이런 시기에 신앙이 마음의 안식을 제공하는 역할을 한다. 이를 생각해 보면, 사별자가 종교에 의구심을 갖는다는 자체가 비애의 감정이 얼마나 큰 영향을 미치는지 보여 준다.

'심리·사회적 전환 이론psychosocial transition theory, PSTT'은 이 차적 상실에 초점을 맞춘다.[5] 사랑하는 이의 죽음은 인생 에서 당연히 여기던 것들(우리가 인식하는 세상 또는 우리 삶의 '정상' 상태)이 산산이 부서지는 경험이다. 우리는 고인이 아 무 역할도 하지 않는 '새로운 정상'을 구축해야만 한다. (심 리·사회적 전환 이론은 3장에서 다룰 애도 이론 중 하나이다.)

애도에도 유형이 있을까?

주변 사람들이 배우자와 사별한 사람을 바라보고 이해하 는 태도가 사별자의 자아 인식(정체성)에 영향을 줄 수 있 다. 배우자를 잃은 후에 갖게 된 사회적 지위가 이전 지위 보다 부정적이라면, 정체성 또한 부정적으로 변할 것이다.

이는 사별이 **사회적** 현상이라는 것을 보여 주는 예이다. 사별은 필연적으로 사회적 맥락에서 발생한다. 개인이 사별을 받아들이는 시도를 애도라고 한다면, 애도의 표현 방식과 기간에 대한 통념과 기대가 개인의 애도에 영향을 끼칠 가능성이 높다. 애도의 표현 방식에 대한 일반적 '상식'에 따르면 사별자는 최소한 남이 알아볼 정도로 슬퍼해야 한다. 슬픔의 기간과 관련해서는 겉으로 보여지는 애도가 (개인적, 내적 애도와 함께) 일 년은 지속될 것이라고 생각한다. 사별자들은 일주기가 되기 전까지 시시때때로 '이제는 극복해야지.'라는 말을 듣는다.

명백한 애도의 징후가 안 보이나 겉으로 보이는 애도의 기간이 12개월 이상 지속되면 '비정상적' 행동으로 평가받을 수 있다는 의미이다. ('요즘 ○○가 걱정이야. 그렇게 슬퍼하는 건 정상이 아니잖아.') 사실 이 비공식적인 상식은 정신 의학계와 심리학계가 과학적으로 연구해 온 **복합 비애**의 두 가지 형태, 즉 슬픔의 **부재**(최소한의, 억제된, 혹은 **지연된** 슬픔)와 **만성적** 슬픔과 관련이 있다.[6] (복합 비애는 6장에서 다룬다.)

인정받지 못한 비애

개인의 애도에 사회적 규범이 어떤 영향을 끼치는지는 **인정받지 못한 비애**disenfranchised grief, DG를 보면 극명히 느낄 수 있다. 인정받지 못한 비애란, 아주 간단히 말해 다른 사람들이 '정당'하거나 '적절'하다고 인정하지 않는 슬픔의 감정이다. 어떤 슬픔은 사람들의 인정과 사회의 용인, 공감을 얻지 못한다.[7]

특정 **상실 유형**(예: 이혼, 부모의 사망, 애완동물의 죽음)과 **관계**(예: 외도 상대, 헤어진 연인이나 배우자, 동성 파트너나 배우자), **애도자**(예: 초고령 노인이나 너무 어린아이, 학습 장애자), **죽음의 정황**(예: 에이즈, 자살, 알코올이나 약물 남용)은 사회의 인정을 받지 못할 수 있다(4장 참조).

일부 상황에서는 고인과의 관계 자체를 숨기기 위해 슬픔을 감춰야 한다. 가장 극단적인 예는 (상대방은 알지 못하는 상태에서) 고인을 '먼발치'에서 짝사랑한 경우일 것이다. 앞서 말한 모든 경우에 주변 사람들은 (또는 '사회'는) 애도자가 슬퍼할 권리를 인정하지 않는다.

인정받지 못한 비애는 두 가지 요소로 구성된다고 생각할 수 있다. 첫 번째는 '사회적 인정을 받지 못하는' 슬픔으로 '레즈비언이 연인이나 배우자를 잃었을 때, 이성애자와 같은 방식으로 반응할 것 같지는 않다'고 생각하는 선입견이다. 두 번째는 '낙인 찍힌' 슬픔으로 '동성애 관계가 부자연스러운 것이라면, 그들의 슬픔 또한 자연스러울 수 없다'는 편견이다.

애도의 두 가지 방식, 직관적 애도와 도구적 애도

직관적 애도와 **도구적** 애도의 구분은 애도를 이해하는 데 매우 중요한 개념이다.[8] 두 용어는 뚜렷이 구분되는 애도의 두 가지 패턴(방식)을 의미하며, 다음과 같은 기준으로 구분한다. 첫째는 '상실이라는 내적 경험이 인지적(지적) 성격을 띠는가, 정서적(감정적) 성격을 띠는가'이다. 둘째는 '상실이 외적으로 어떻게 표현되는가'이다.

직관적 애도의 경우, 많은 에너지가 인지적 영역보다는 **정서적** 영역으로 전환된다. 애도는 (충격과 불신, 압도적 비탄, 무력감과 같은) 깊은 심적 고통이 주를 이루는 경험이다. 직관적 애도자는 울음을 터뜨리며 자신의 고통스러운 감정을 분출하고 내적 경험을 주변 사람과 나누고 싶어 한다.

반면, **도구적** 애도에서는 에너지 대부분이 **인지적** 영역으로 전환된다. 고통스러운 감정은 통제되고 애도는 지적 경험에 가깝다. 도구적 애도자들은 에너지를 **활동하는 데** 집중할 수도 있다.

한 가지 성향을 더욱 강하게 보이기는 하겠지만, 대부분의 사람들은 두 가지 유형이 **혼합**된 방식으로 애도한다. 이러한 '혼합형 애도자'가 보이는 전반적 반응은 슬픔의 **단계** 이론과 밀접한 연관이 있다(2장 참조).[9] 예를 들어, 사별 직후 유족은 바로 장례식을 준비해야 하므로 (여전히 충격을 받은 상태임에도) 감정을 억제해야 할 것이다. 그 후 감정을 모두 분출하며 주변의 도움과 지원을 구할 것이다. 시간이 더지나면 인지 주도적 행동이 정서 표현보다 우위를 차지하게 된다. 업무에 복귀하고 부모 노릇을 다시 하는 등 일상으로 돌아가야 하기 때문이다.

여성은 직관적 애도 성향이 강하고, 남성은 도구적 애도자일 가능성이 높다. 그렇지만 성별이 **결정적 요인**이라는 의미는 아니다. 그보다는 성별이 애도 방식에 **영향을 미친다**고 해야 할 것이다. [10]

사별 지원

직관적 애도와 도구적 애도의 구분은 **사별 지원** 작업의 본질과 기능을 이해하는 데 중요하다. 사별 지원과 상담의 핵심은 내담자가 자신의 슬픔을 인정하고 표현할 필요가 있다는 가정이다. 다양한 방식이 있을 수 있지만, 감정을 표현하는 **주요** 수단이자 사별 지원자와 상담자가 내담자를 돕기 위해 사용하는 주요 도구는 바로 **언어**이다. 셰익스피어는 이렇게 말했다.

비탄이 입을 열지 못하면,

미어지는 가슴에 터지라고 속삭인답니다.[11]

셰익스피어가 묘사하고 있는 것은 직관적 애도자일 것이다. 직관적 애도자는 도구적 애도자보다 감정과 생각을 말로 표현하는 능력(또는 미술이나 음악같이 다양한 방식으로 감정과 생각을 **외면화**하는 능력)이 탁월하다. 그들은 자신의 감정과 직접 대면한다. 다른 활동을 하며 감정을 푸는 것은 도구적 애도자의 성향이다.

이야기를 다시 말하고 고통을 재연하는 과정은 애도의 필요조건이고 직관적 애도의 필수 조건이다. 이는 또한 직관적 애도자의 '슬픔에 자신을 맡기는' 성향을 보여 주기도 한다.[12]

비애, 애도, 애도 작업

지그문트 프로이트는 1917년에 발표한 『애도와 멜랑콜리아Mourning and Melancholia』에서 최초로 애도의 본질(2장 참조)과 기능(3장 참조)에 대해 정식으로 설명했다.[13] '애도'란 사별자가 고인과의 관계, 자아상, 외부 세계를 재정의하는 모든 시도를 나타낸다. 프로이트는 '성공적인' 애도를 고인과의 감정적 유대를 끊어 내고 감정 에너지를 새로운 관계에 쏟는 것이라고 정의했다. 사랑하는 이와의 감정적 분리는 '애도 작업grief work'을 통해 달성할 수 있다. 이러한 감정적 분리가 대표적 애도 이론과 모형의 중심을 이루고 있는 내용이다(2장과 3장 참조).

하지만 '애도mourning'는 또한 '주변에 상중임을 알리는 문화적으로 정형화된 표현이나 의식'이라는 매우 다른 의미로 쓰일 수도 있다.[14] 애도를 공적으로 표현하는 방식에는 장례식, 검은 의복이나 상주 완장 착용, 유대인 가정의 거울을 가리는 풍습 등이 있다. '상중being in mourning'이라는 표현을 쓰기도 한다. 유족은 초상을 치르는 일정 기간 동안 정상적 일상생활과 활동을 중단한다(4장 참조). 유족이 '슬퍼한다grieving'고 말하지 않고 '슬픔 기간 중이다being in grieving'라고 말한다면 매우 어색할 것이다. '슬퍼한다'는 말은 (사회 의식이나 전통에 따른 애도가 아니라) 개인이 사별에 보이는 내적 반응을 의미한다.[15]

애도에 관한 지식의 출처는 어디인가?

개인적 경험담

애도의 본질에 관해 우리가 알고 있는 지식은 주로 사별한 사람들의 **개인적 경험담**을 기반으로 한다. 이중 다수는 (C. S. 루이스, 대니 앱스, 줄리언 반스[16]와 같이) 저명한 작가들이 집필한 이야기이다. 하지만 보통 사람들의 이야기도 있다. 이들은 슬픔이 너무 커 상실을 받아들이고 고인을 추억하기 위해 글을 쓰는 수밖에 없었다. 이들의 이야기는 애도 경험이 어떤 것인지를 보여 준다. 논란의 여지는 있지만, 이러한 경험담이 다른 어떤 연구보다 애도의 본질을 더욱 정확히 포착한다고 할 수 있다(2장 참조).

애도의 임상 연구

프로이트의 『애도와 멜랑콜리아』는 감정이 실리지 않은, 좀 더 객관적인 설명을 제시하지만, 이 글에는 '정신 분석'이라는 특정 이론에 담긴 편견이 반영되어 있다. 프로이트의 견해들 그 자체로도 중요하기는 하지만, 볼비와 파크스 같은 후대 이론가와 학자들(후대의 이론은 2장과 3장에서 다룬다)이 프로이트의 영향을 많이 받았기 때문에 프로이트가 애도의 임상 연구에서 핵심 인물로 평가된다. (다시 말하자면, 복합 비애를 겪는 사별자를 상담하는 과정에서 복합 비애의 본질 뿐 아니라 '정상적' 비애의 본질까지 파악하게 된 것이다.)

애도에 대한 실증 연구

우리가 애도에 대해 알고 있는 지식 대부분은 개인의 경험담이나 임상 연구가 아닌, 대규모 사별자 집단을 대상으로 진행한 연구에서 도출된 것이다. 이러한 **실증**(과학적, 증거 중심) 연구는 주로 파크스와 같은 정신과 의사들에 의해 진행되었다. 연구의 주요 목적은 내담자가 어떤 상황에서 정신 질환을 앓는지 파악하여 치료 및 예방 프로그램을 만드는 것이었다. 대표적 예로 베스렘, 런던, 하버드 연구, 사랑과 상실 연구를 들 수 있다.

베스렘 연구[17]에서는 사별 후 평균 72주 이내에 정신과 치료를 받은 사별자 21명(남성과 여성)을 자세히 관찰하였다. 런던 소재 베스렘 로열 병원과 모즐리 병원에서 면담을 진행했다. **런던 연구**[18]에서는 배우자를 잃은 65세 미만 여성들을 임의 선택하여 이들이 첫해를 어떻게 지내는지 관찰했다(이 연구의 참가자들은 정신과 치료를 받지 않았다). 사별 후 첫 달, 셋째 달, 여섯째 달, 아홉째 달, 열세 번째 달 말일에 면담을 진행하여 참가자의 '기념일 반응'을 관찰했다.[19]

하버드 연구[20]는 하버드 의과 대학에 의해 진행되었으며 45세 이하 배우자 사별자 68명을 임의 선택했다. 사별 14개월 후의 시점에 참가자들을 면담하고, 그 결과를 연령과 사회 계층, 가족 규모가 동일한 기혼자 68명으로 구성된 **대조군**과 비교했다.[21] 마지막으로 **사랑과 상실 연구**[22]는 로열 런던 병원 정신과 외래 환자 278명을 대상으로 진행되었다. 연구 목표는 다음의 두 가지 가설을 검증하는 것이었다. 첫째, 사랑과 상실은 불가분의 관계이다. 둘째, 어린 시절의 애착 유형과 부모와 분리된 경험, 성인기 타인과의 관계는 모두 개인이 스트레스와 사별에 대처하는 방식에 영향을 주고, 이를 바탕으로 사별 이후 어떤 문제로 정신과를 찾게 될지 예측할 수 있다. 이 실험의 대조군은 정신과 치료를 받지 않은 젊은 여성 78명으로, 그중 35명은 5년 이내에 사별을 경험한 사람들이었다.

인류학과 민족지학적 연구

인류학과 민족지학적 연구의 목표는 다양한 문화권에서 나타나는 애도의 패턴을 파악하는 것이다. 따라서 이러한 연구는 애도가 **보편적** 반응이라는 주장을 검증하는 데 매우 중요하다. 전통적으로 인류학 연구와 민족지학적 연구는 애도의 심리적 측면(개인적 측면)보다는 장례 의식과 죽음에 관한 믿음(사후 세계)에 초점을 맞춘다. 일반적으로 **개인주의적** 사회와 문화(서구의 산업화 및 자본주의 사회)와 **집단주의적** 사회와 문화(비서구권 전통 사회)로 구분하여 현상을 관찰한다(4장 참조).

애도에 긍정적 측면이 존재할까?

일반적으로 사별은 인생에서 만날 수 있는 최악의 불행이라고 생각한다. 같은 맥락에서 애도 또한 고통스럽고 불편한, 부정적 경험이라는 인식이 있다. 하지만 긍정 심리학 연구에 따르면, 갑작스럽거나 충격적인 사별 등 다양한 심리적 외상이 **긍정적** 변화를 촉발할 수도 있다. 이 현상을 '**외상 후 성장**post traumatic growth, PTG'이라 하며, 7장에서 다룰 주제이다.

02

애도는 어떤 경험인가?

1장에서 우리는 애도를 가족이나 반려자의 죽음('일차적 상실')에 대한 반응이라고 정의했다. 하지만 엄밀히 말해, 애도는 누군가 죽었다고 **인식**하거나 **믿는** 순간부터 시작된다는 사실에 주목해야 한다. 사망 소식을 전하는 과정에서 신원이 잘못 알려지는 경우도 있지만, 뉴스에 나오는 이가 내가 사랑하는 사람이라고 믿는 순간(실제 이런 상황이 발생하면, 갑작스럽거나 충격적인 죽음일 가능성이 높다), 우리의 애도는 시작된다. 또한, 사랑하는 이가 실제로 죽기 전에 애도 반응을 보일 수도 있기 때문에 1장의 정의를 구체화할 필요가 있다. '**예기 애도**anticipatory grief'란 죽음이 예상될 때 보이는 반응이다. 남겨진 시간이 얼마인지 알 수 없을 때에도 (예: 불치병 진단) 우리는 미리 다가올 죽음을 슬퍼한다. 치매 환자의 가족과 친척들은 환자가 실제 사망하기 전부터 환자의 죽음에 대해 자주 이야기한다.

1장에서 우리가 아는 애도에 관한 지식과 이해는 개인의 경험담과 애도의 **본질**에 초점을 맞춘 이론적 설명을 기반으로 한다고 밝혔다. (애도 이론은 3장에서 다룰 애도의 실제적 기능과는 다른 개념이다.) 이번 장에서는 애도에 관한 정식 설명, 더욱 정확히 말하자면, 애도의 **서술적**descriptive 모형 또는 이론에 관해 살펴볼 것이다.[19]

슬픔의 단계 이론

———

슬픔에 관한 우리의 '상식'에는 사별자가 정해진 슬픔의 단계를 겪는다는 믿음이 들어 있다. 이러한 자연스러운 애도 '과정'에 대한 믿음에는 정신과 의사와 장례 및 임종 관련 종사자들이 제시한 이론들이 반영되어 있다. 그리고 대중

과 문화가 슬픔을 이해하는 방식으로 자리를 잡게 되었다. 이와 관련해 가장 자주 인용되는 이론은 볼비(그리고 볼비-파크스)의 이론[2]과 퀴블러로스의 이론[3]이다.

볼비가 말하는 슬픔의 4단계

유족의 사별 반응을 관찰해 보면 보통 몇 주에서 몇 달 동안 일련의 단계가 진행된다는 것을 알 수 있다. 성인의 애도는 어린아이가 애착 대상과 분리될 때 보이는 스트레스 반응의 연장이다. 그러므로 성인의 애도 또한 애착 유대가 단절되어 생기는 **분리 불안**의 일종으로 볼 수 있다(3장 참조).

첫 번째 **무감각의 단계**에서 사별자는 아무것도 느끼지 못하고 고인의 죽음을 믿지 않는다. 이 단계는 몇 시간 또는 일주일간 지속된다. 그동안 사별자는 간간이 극심한 고통과 분노를 표출하기도 한다. 그다음에는 고인을 **그리워하고 찾는 단계**가 이어진다. 이 단계는 보통 수개월 동안, 혹은 몇 년 동안 지속되는 경우도 있다. 다음은 **혼란과 절망의 단계**이다. 고인을 그리워하고 찾는 단계가 끝나는 시점에 사별자는 우울해지고 세상에 무관심해진다. 마지막은 **재조직의 단**

계(개인마다 정도가 다름)로 슬픔에서 회복되고 고인의 죽음을 받아들이게 된다.

사별자와 고인의 관계는, 형태는 변하지만 수개월에서 수년 동안 지속되며 사별자의 감정생활에서 중요한 부분을 차지한다. 고인과의 지속적인 관계는 그리움과 탐색의 단계뿐 아니라 2단계에 나타나는 분노까지도 설명해 준다. 또한 절망감과 그 후 상실을 되돌릴 수 없다고 수용하는 과정도 고인과의 관계가 지속되고 있다는 맥락에서 설명될 수 있다. 3단계와 4단계를 성공적으로 거쳐야 고인의 죽음을 받아들이는 것이 가능하다.

퀴블러로스의 예기 애도 5단계

퀴블러로스가 제안한 슬픔의 단계는 시한부 환자 200여 명을 대상으로 진행한 선구적 연구를 기반으로 탄생했다. 퀴블러로스의 연구 주제는 임종을 앞둔 환자들이 죽음을 준비하는 과정(예기 애도)이었다. 그러므로 그녀가 제안한 슬픔의 단계는 **죽어 가는 과정**을 설명하고 있다. 하지만 이후 다른 학자들이 퀴블러로스의 슬픔의 단계를 **타인의 죽음**

을 애도하는 과정에 적용하기 시작했다. 이 이론은 오늘날에도 불치병 환자와 유족을 돌보고 상담하는 데 중요한 역할을 한다.

첫 번째 단계는 **부정과 고립**이다. ('내게 이런 일이 생길 리 없어. 이건 꿈일 거야.') 이는 초반에 환자가 충격에 압도되는 것을 방지해 준다. 환자 대부분이 초기 단계뿐 아니라 그 이후의 시기에도 대처 전략으로 부정을 이용하는 경향이 있다. 부정은 충격에 대한 완충 작용을 하고 환자가 다른 대응 기제를 마련할 수 있는 시간을 확보하도록 돕는다. 가장 많이 관찰되는 초기 반응은 다른 의사의 소견을 구하는 것이다. 이는 예측 불가한 세상으로 내던져진 환자가 자신이 원래 알고 있던, 이해할 수 있는 세상으로 돌아가려는 절박한 시도이다.[4]

부정과 고립의 단계 다음에는 **분노**의 단계가 이어진다. ('왜 나에게 이런 일이? 이건 불공평해!') 분노의 대상은 의사와 간호사, 가족, 살아갈 날이 많이 남은 불특정 다수의 건강한 사람들이다. 또는 신에게 분노하는 경우도 있다. 이 단계는 환자의 가족과 의료진이 가장 힘들어 하는 단계이다. 이때 환자의 분노를 개인적으로 받아들여 같이 화를 낸다

면, 환자의 적대적 행동을 악화시키기만 할 것이다.[5]

세 번째 **타협**의 단계('신이여, 제발……')에서 환자는 신(또는 운명이나 병원)과 '거래'하여 죽음을 미루려 한다. 아이가 부모와 거래를 하며 떼를 쓰는 상황과 비슷하다. 아들이나 딸의 결혼식, 손주가 태어날 때까지 등 스스로 '기한'을 정하고, 이때까지만 살게 된다면 그 이상은 바라지 않겠다고 약속한다.

타협 이후에는 **침체(우울)**의 단계가 찾아온다. ('이 모든 걸 두고 어떻게 가지?') 이 단계는 환자가 거래를 통해 죽음을 미룰 수도, 피할 수도 없다는 것을 깨닫는 순간 시작될 가능성이 높다. 환자는 죽음이 의미하는 모든 상실에 대해 슬퍼한다. 이를 **예비적 우울**preparatory depression이라 하는데, 일종의 예기 애도로 환자가 자신과 세상을 분리하는 과정을 돕는다. **반응적 우울**reactive depression은 두려움과 불안감, 엄청난 상실감의 표현으로 나타난다(1장 **이차적 상실** 부분 참조).

마지막 **수용**의 단계('나 좀 내버려 둬, 이제 죽을 준비가 됐어.') 에서 환자는 생존을 위한 투쟁을 포기한 듯 보인다. 마치 '긴 여행을 준비하듯' 잠을 많이 자고, 사회 활동도 하지 않는다.

슬픔의 단계에 대한 평가

슬픔의 단계 이론이 가진 문제는 정해진 일련의 단계를 **경험해야만 한다**고 암시한다는 점이다. 이것이 상실을 경험하고, 대처하는 '옳고' 보편적인 방법이라고 넌지시 말한다. 하지만 슬픔의 단계는 연구자와 전문가, 대중이 믿는 **가설**에 불과하다.

슬픔의 단계가 정해진 순서대로 진행되고, 이것이 모든 사람에게 적용된다는 믿음 자체가 잘못된 것이라면 어떻게 될까? 예를 들어 다음의 설명을 보자.

슬픔의 단계를 명확히 구분하기 힘들다는 건 인정한다. 어떤 사람은 일정 기간 동안 두 단계를 시계추가 움직이듯 왕복하며 경험할 수도 있다. 하지만 전체적 순서는 식별될 수 있다.[6]

이와 비슷하게, 퀴블러로스가 말하는 슬픔의 단계도 기간이 천차만별이고 순서가 뒤바뀌거나 혼재되어 나타날 수 있다.[7]

퀴블러로스와 볼비의 이론은 사별자에 대한 장기적이

고 자세한 추적 연구가 진행되기 이전에 나왔다. 예를 들어, 파크스의 '런던 연구'(1장 참조)에 따르면, 충격과 부정의 단계는 예외일 수 있지만, 시간이 지나며 나타나는 변화 과정은 외부 상황에 따라 고조되거나 하강하는 감정의 혼재에 가깝다. 이 과정은 개인의 정신 상태와 상황에 따라 지연되거나 장기화, 또는 과장될 수 있다.[8] 이는 C. S 루이스가 아내를 잃고 비통한 마음을 써 내려간 글과 일맥상통한다.

> 비통에 잠긴 마음 상태에서 '정해진' 것은 없다. 어느 단계를 계속 벗어나지만, 항상 다시 시작된다. 돌고 돌아 모든 것이 반복된다.[9]

다시 말하면, 사별의 슬픔은 '굽이치는 긴 골짜기'와 같다. '예전에 지나쳤다고 생각한 그 나라'를 또다시 만나게 될 것이다.[10]

이와 관련해 또 다른 비판, 구체적으로 퀴블러로스의 슬픔의 단계에 대한 비판은 파크스가 제기했다.[11] 자신이 '슬픔의 단계'를 발견했다는 퀴블러로스의 주장은 다른 연구자들의 공을 인정하지 않는 것이다. 로버트슨과 볼비[12]가 엄마와 분리된 아동에 대한 연구에서 최초로 슬픔의 단계에 대해 설명했고, 볼비와 파크스가 이를 성인 사별자에게 적용했다. 퀴블러로스가 볼비와 파크스의 연구에 대해 알고 있었던 것이 확실한데도, 1969년 저서에서 이에 대해 어떠한 언급도 하지 않았다.

일부 연구자들은 슬픔의 단계보다는 슬픔의 요소에 대해 논의하는 것을 선호한다. 사별로 인한 슬픔의 요소에는 **충격, 혼란, 부인, 우울, 죄책감, 불안, 공격, 해소, 재통합** 등이 있고, 일부는 애도 초기에 나타나고, 일부는 후기에 나타난다.[13]

슬픔의 요소를 기반으로 애도를 분석하는 접근법에서는 구체적인 **신체적, 정서(감정)적, 인지적, 영적, 행동** 반응의 예를 파악한다.

다양한 영역에서 구체적 반응으로 나타나는 애도의 감정

신체적 반응에는 두통과 근육통, 메스꺼움, 탈진, 생리 불순, 식욕 부진, 몸살, 불면증, 긴장, 소음 민감증 등이 있다. **정서와 감정적 반응**에는 슬픔, 분노, 죄책감, 질투, 두려움, 불안,

수치심, 안도감, 해방감, 무기력감, 절망감, 비통 및 심적 고통 등이 있다.

50대 중반의 남편이 뇌졸중으로 갑자기 세상을 떠나 혼자가 된 한 여성은 남편에게 화가 나는 것이 아니라, 남편이 죽음을 **예상하지 못하고** 자신과 아이들에게 작별 인사도 없이 갑자기 떠난 게 화가 난다고 말했다.

이는 우주를 향한 분노이다. 그냥 끝날 때까지 별일 없이 흐르는 생의 무심함에 화를 내는 것이다.[14]

인지적 반응은 강박적 생각, 집중 장애, 환상, 무관심, 악몽, 혼미, 혼란, 상실 상황의 반복적 복기, 고인의 존재감(환각), 상실을 합리화하거나 이해하려는 노력 등의 형태로 나타난다.

영적 반응은 상실에서 **의미**를 찾으려는 시도이다. 고인이 없는 삶에 어떤 의미와 목적이 있는지 질문을 던지고, 영적, 종교적으로 감정이나 신앙이 변하게 된다.

마지막으로 **행동 반응**에는 오열, 질병과 관련한 행동(관찰 가능한 증상), 감정의 외적 표현, 눈에 띄는 영적 행동이나 표현의 변화, 탐색, 고인을 떠올리게 하는 것을 회피하거나 탐색하는 행동, 강박적 행동, 고인을 느끼려는 행동(예: 묘소 방문), 신체 활동(예: 운동, 정원 가꾸기), 사회적 위축, 멍한 정신, 사고, 술이나 담배, 약물 사용 증가 등이 있다.

그러나 애도 반응을 일련의 요소들로 설명하면 의도치 않게 각 반응이 독립적으로 나타난다는 암시를 줄 수 있다. 단계 이론은 적어도 **전체적**인 관점을 제공한다. 즉 이러한 다양한 요소들이 어떤 형태로든 **전체**를 구성한다는 사실을 인정한다.[15] 같은 맥락에서 슬픔의 단계는 사별자(와 임종을 앞둔 사람들)의 경험을 이해하는 전체적 관점을 제공한다. 자주 관찰되는 특정 **순서** 혹은 **패턴**은 다음과 같다. 가장 흔한 첫 반응은 무감각이고, 그다음에는 극심한 고통이 이어진다. 이후, 혼란과 절망의 시기가 온다. 장기적으로 혼란과 절망은 상실을 받아들이면 사라진다.[16] 많은 사람들이 이 시기를 '회복'이라고 부르지만 상실 후 우리 모두는 어느 정도 **돌이킬 수 없는** 변화를 겪는다.

각 '상태'가 고유한 특성을 지니는 건 확실하지만, 기간과 형태의 측면에서 개인별로 큰 차이가 존재한다. 각 단계를 구분하는 증상은 위에서 설명한 순서대로 정점에 이르는 경향[17]이 있긴 하지만, 현 단계가 끝나야만 다음 단계가 시작되는 건 아니다. 여러 단계가 겹쳐서 나타나는 경우가 상당히 많다.[18] 이러한 이유로 슬픔의 '단계'라는 말을 더 이상 쓰지 않는 경향이 있다. 단계 이론이 제공하는 틀이 너무 경직되어 있기 때문이다.

슬픔의 단계 이론이 가지는 가장 큰 가치는 우리의 관심을 다음 사실에 집중시켰다는 데 있다. 애도는 우리가 거쳐 가는 과정이고, 대부분의 사람들은 혼란과 절망의 상태에서 이해와 수용의 상태로 나아간다.[19]

비유법을 통해 말로 슬픔 표현하기

1장에서도 언급했듯이 사별 지원과 상담은 내담자가 슬픔을 인정하고 표현할 필요가 있다는 믿음에서 출발한다. 감정 표현의 **주요** 수단이자 사별 지원자와 상담자가 가장 흔히 이용하는 도구는 **언어**이다. 셰익스피어가 충고했듯 슬픔을 말로 표현해야 한다는 데는 일반적으로 동의하지만, 감정을 정확히 표현해 주는 말을 찾기는 쉽지 않다. 이를 가능하게 돕는 수단 중 하나가 **비유법**이다.

비유란 무엇인가?

비유의 정의 중 하나는 '어떤 현상이나 사물을 다른 비슷한 현상이나 사물에 빗대어 이해하고 경험하는 것'이다.[20] **추상적, 비가시적, 무형의 어떤 것을 구체적, 가시적, 유형의 것에** 빗대어 묘사하거나 설명한다는 의미이다. 말로 설명할 수 없는 마음을 말로 표현하는 것이다.

비유적 표현이 죽음에 대한 우리의 일반적 시각과 인식, 실제로 애도하는 방식을 형성했다는 주장도 있다.[21] 사별자가 자신의 마음을 언제나 직접적으로 표현할 수 있는 것은 아니기 때문에 비유는 생각과 감정을 **간접적**으로 표현하는 수단이 된다. 그들이 즉흥적으로 내뱉는 비유적 표현들이 어떠한 애도 이론보다 애도가 실제로 어떤 경험인지를 잘 보여 준다.[22]

다양한 비유적 표현은 슬픔의 경험을 이해하는 데 중요한 단서를 제공한다. **추상적 감정을 구체적이고 물리적인 행동에 빗대어 표현**하는 예로 '슬픔에 빠져 허우적거리고 있어', '이제 정리하고 있다는 징후가 보여', '나를 두고 떠나 버렸어' 등이 있다. 열다섯 먹은 외동딸을 엑스터시 과다 복용으로 잃은 어머니가 딸의 죽음 이후 주변 친구들과 동료에게 받은 위로와 사랑에 대해 다음과 같은 글을 썼다.

내 인생은 계속될 것이다. 인생이란 바퀴는 계속 돌아가고, 그래야만 한다. 내 마음은 부서져 백만 조각이 났지만, 주변의 도움과 관심으로 다시 온전해질 것이다.[23]

1장에 나온 '삼가 조의를 표합니다'라는 표현은 **완곡한 비유법**을 잘 보여 준다. 사별자가 직접 사용하는 완곡한 표현으로는 '저는 오 년 전에 남편을 잃었습니다', '그는 평화로이 저세상으로 떠났습니다', '신이 그를 데려간 지 거의 일 년이 지났습니다' 등이 있다.

흔히 쓰는 비유법에서는 슬픔을 **물리적, 신체적 감각**에 빗대어 표현한다. C. S 루이스는 사별의 슬픔이 지니는 물리적, 육체적 본질에 대해 다음과 같이 말했다.

아무도 내게 사별의 슬픔이 공포와 닮았다고 말해 주지 않았다. 두려움을 느끼고 있지는 않지만, 내 몸은 공포에 질렸을 때와 동일한 감각을 느낀다. 속은 울렁거리고, 진정하기 힘들며, 다물어지지 않는 입으로 숨만 크게 쉬며

마른침만 삼킬 뿐이다.[24]

작가는 또한 "약간 취하거나, 경미한 뇌진탕을 겪는 것 같다"고 묘사하기도 했다.

레이철 딕시는 (알츠하이머 조기 발병으로 65세에 세상을 떠난) 동성 파트너 아이린과 함께한 33년을 회고하며 이렇게 말했다.

"아직도 그녀의 빈자리가 느껴진다. 마치 나의 반쪽이 잘려 나간 느낌이다. 쌍둥이들이 이렇게 느낄지 궁금하다. 배우자를 잃은 많은 이들이 이런 감정을 느낀다는 건 알겠다."[25]

다른 비유적 표현의 예는 '가슴이 미어지는' 또는 '심장이 찢어지는' 등이 있다. 또 다른 비유법은 직유적 표현이다. ('슬픔은 ○○와 같다.') 에드워드 허시는 아들의 죽음에 대한 시에서 슬픔을 "한밤중에 시멘트 자루를 메고 산을 오르는 것과 같다"고 표현했다.[26]

호스피스 간호사를 대상으로 한 연구에서 간호사들은 감정을 차단하는 상황을 비유법을 사용해 설명하며, 반복적으로 죽어 가는 환자들과 함께하는 데서 오는 부담과 탈진의 감정을 표현했다. 자신이 '스펀지'와 같은 역할을 한다고 언급하며, 한걸음 물러서거나, 스위치를 끄고, 자신만의 보호 장치[27]를 마련하여 의식적으로 거리를 둔다고 말했다.

애도의 슬픔을 이해하고 견딜 만한 것으로 만들기 위해 **손님**에 비유하기도 한다. 그는 초대하지도 않았는데 불쑥 집으로 찾아와, 사별자의 인생과 가족, 인간관계, 건강 등 인생의 모든 영역에 참견한다. 쫓아내려고 애를 쓸수록, 그의 참견은 심해진다.

하지만 만약 이 손님을 위한 공간이 생기면, 그의 방문은 충분히 예상되는 일이다. 그가 드나드는 건 전혀 놀랄 일이 아니다. 가족의 삶에 참견하는 것도 놀라울 것이 없다. 시간이 지나면 그는 익숙한 존재로 환영받기까지 한다. ……그의 부재와 존재는 고인과의 관계를 지속시키는 역할을 한다. 이 관계는 변하고 진화하며, 잠깐 끊기기도 하지만 일평생 지속된다.[28]

(위 비유는 3장에서 설명하는 '지속적인 유대'와 같은 개념이다.)

시한부 판정을 받은 벤과 아내 에밀리는 암을 밤마다 부부의 침대 옆에서 자는 **괴물**이라고 불렀다. 운 좋은 날에 괴물은 아침까지 꽤 오랫동안 잠들어 있다 먹이를 달라며 깨어난다. 괴물이 깨어나면 부부는 하루 종일 괴물에게 먹이를 주어야 한다. '괴물' 비유는 암을 끔찍한 위협으로 받아들이는 부부의 인식을 잘 보여 준다. 이 괴물은 무시무시하고 위험하며, 만족을 모르는 놈으로 부부의 예전 삶을 게걸스레 집어삼켰다. 사실, 암은 말 그대로 벤의 몸을 갉아먹고 있었다. 이 비유는 부부가 병을 **표면화**하는 데 도움을 주었다. 또한 이 전투에서 패배하리라는 걸 에밀리가 알고 있음을 간접적으로 드러낸다. 암을 괴물이라고 부르기 시작한 지 얼마 지나지 않아 벤이 세상을 떠났을 때, 에밀리는 이렇게 말했다. "벤이 죽어서 위안이 되는 점 한 가지는 그 놈도 같이 죽었다는 거예요!"[29]

통킨의 원

통킨의 원은 사별 지원자와 상담자들 사이에서 잘 알려진 **시각적** 비유이다.[30] 한 여성이 수년 전에 아이를 잃고 슬픔이 어떻게 그녀를 통째로 집어삼켰는지 설명하였다. (마지막 문장의 비유에 주목하라.) 여성은 자신의 인생을 나타내는

원을 하나 그린 후, 원 전체를 까맣게 칠해 자신의 삶 전체가 슬픔으로 가득 차 있음을 표현하였다. 그녀는 시간이 지나면 슬픔의 크기가 줄어들어 삶의 안쪽에 작은 공간만을 차지하게 될 것이고, 자신이 슬픔을 관리할 수 있는 날이 올 것이라고 예상했다. (이는 여성의 인생을 표현한 하얀 원 속에 슬픔을 표현한 훨씬 작은 검은 원이 들어 있는 두 번째 그림에서 볼 수 있다.) 이 여성은 슬픔이 완전히 사라지지 않을 것이란 걸 예상할 만큼은 현실적이었다.

하지만 실제 상황은 전혀 달랐다. 검은 원의 크기는 작아지지 않았고, 대신 원 주변에 그녀의 인생이 자라났다. (여성의 '인생의 원'은 처음보다 훨씬 커졌고, 그 속에 처음과 동일한 크기의 슬픔의 원을 품게 되었다.) 여성이 슬픔의 원에서 완전히 벗어나 자신의 인생을 살다가도, 기일과 같이 죽은 딸이 생각나는 시기가 되면, 예전만큼 강렬한 슬픔이 찾아왔다. 하지만 시간이 지나며 그녀의 인생은 성장했고, 검은 원 밖에서 살아갈 수 있게 되었다.

이 비유의 강점은 언젠가는 슬픔에서 '회복'되어 사랑하는 이의 죽음을 '극복해야'한다는 (주변 사람들이 투사하는) 기대에서 사별자를 해방시켰다는 점이다(1장 참조). 슬픔의 원이 계속 남아 있기 때문에, 사별자는 사랑했던 고인과 '함께' 살아가게 된다. 이는 매순간 슬퍼하지 않는다고 죄책감을 느낄 필요가 없다는 의미이기도 하다. (고인과의 '지속적인 유대'와 같은 개념이다.)

애도의 여행

애도의 경험과 사별 이후의 삶을 가장 잘 나타내는 비유는 여행 비유일 것이다. 여행 비유는 사별 지원자와 상담자들이 내담자를 돕는 자신의 직업을 이해하는 방식이기도 하다. 모든 사별자가 자신만의 여정에 있고, 여정을 잘 마칠 수 있도록 동행하는 것이 그들의 일이라고 생각한다. 한 사별 상담자에 따르면, 나이 많은 사별자들은 인생의 의미를 잃고, 젊은 사별자들은 미래가 더욱 막막해지는 경험을 한다고 한다. 모든 사별자는 다음과 같은 상태를 겪는다.

> 사별자는 방향을 잃고 길을 헤매게 된다. 지금까지 방향을 알려 주고, 안정감을 주고, 조언해 주던 사람이 이제는 곁에 없다. ……슬픔과 애통함만 가득한 세상을 어떻게 살아야 할지 모르겠다. 한번도 와 본 적 없는 세상이다.[31]

다른 직유법에서는 애도를 **롤러코스터**, 강, '길고 **구불구불한**' 길, 철로, 밀물과 썰물, 소용돌이, 늪, **지진**, **쓰나미**[32]와 같다고 표현한다. 상담자가 내담자에게 비유적 표현을 공유하기도 하지만, 내담자가 상담 중에 즉흥적으로 만들기도 한다. 대니 앱스는 아내 조앤이 교통사고로 사망한 뒤 자신이 겪는 슬픔을 일기에 기록했다. "매일 몇 번씩 황량한 광야로 쫓겨난 유배자가 된 것 같은 기분이 몇 시간씩 지속된다."[33] 평소 그는 잘 견디고, 다른 사람들의 눈에도 균형을 잘 잡고 있는 듯 보이지만, 그는 "조앤이 방향을 알려 주지 않으니 낯선 도시에서 길을 잃은 기분이다. 내 자신이 마치 지도라도 되는 양, 나를 들여다보기 위해 멈춰 서야 한다."[34]고 말했다. (5장 아이를 잃은 부부들의 애도 비유 참조.)

슬픔에 관한 기타 가설과 오해

슬픔의 단계에 관한 평가에서 우리는 모든 사별자가 반드시 경험해야 하는 단일한 '슬픔의 경로' 같은 것은 없다는 것을 알게 되었다. 단계에 관한 이론은 바람직한 애도 방식을 제시하는 처방적prescriptive 이론이 아니다. 사별자가 특정 시기에 어떤 단계에 있을 것이라고 미리 말하는 것은 불가능하다. 또 슬픔이 끝나는 명확한 지점도 존재하지 않는다. '슬픔의 원' 비유가 분명히 보여 주듯 슬픔은 우리 곁에 영원히 남는다. 적어도 서구 문화권에서 사별자는 상실을 '회복'하거나 '극복'하여 정상 생활로 돌아가는 것이 아니다. 완전한 해결이나 완결 개념 자체가 존재하지 않는다. 사별자는 그저 적응하고 조절하며, 어느 정도는 영구적으로 변하게 된다.[35]

'상실 대처법에 관한 네 가지 오해'[36] 목록에 고정된 단계 개념을 추가할 수 있을 것이다. 네 가지 오해란 다음과 같다. 첫째, 모든 사별자가 고통과 우울 증상을 보인다. 둘째, 고통과 우울증의 부재는 병적(또는 복합) 비애를 나타낸다(6장 참조). 셋째, 시간이 지나면 반드시 회복의 시기가 온다. 넷째, '애도 작업'은 회복에 필수적이다(3장 참조).

두 번째, 세 번째, 네번째 가설은 첫 번째 가설이 참이자 '보편적 가설'이라고 가정한다.

사별은 언제나 고통과 우울감을 동반하는가?

배우자가 세상을 떠난 지 최소 5년 이상 된 사별자를 대상으로 진행한 추적 연구에 따르면, 참가자의 26~65%가 (고인을 향한 그리움, 인생의 의미를 잃은 느낌, 미래에 대한 불안, 상실에 대한 충격과 같은) 심각한 고통 증상이나 (슬픈 감정, 자기비판 성향, 자살 충동, 무기력, 수면이나 섭식 장애 같은) 심각한 우울 증상을 보이지 않았다.[37]

상실 대처에 관한 위의 오해를 검증하기 위한 실증 연구에서 가장 일관되게 나온 결과는 사별이 일차원적 경험이 아니라는 것이다. 사별자들은 각기 다른 슬픔의 패턴과 궤적을 보인다.[38]

가장 일반적인 세 가지 슬픔의 패턴 또는 궤적

만성적 슬픔에 빠지면 사별자는 상실의 고통에 압도되어 정상적인 일상으로 돌아가는 것이 거의 불가능하다고 느낀다. 이 상태가 수년간 지속되는 경우도 있다. **회복**은 점진적으로 진행된다. 극심한 고통 속에 헤매다 조금씩 정신을 차리고 일상을 회복하기 시작할 것이다.

상실의 고통이 두려운 경험이기는 하지만, 대부분의 사람들에게 사별의 슬픔이 압도적이거나 영원하지는 않다.

슬픔이 충격적이고, 상처를 남기긴 하지만, 우리는 평정을 되찾고 삶을 이어 간다. 고통이나 슬픔 외에도 생각해 볼 사항들이 있다.

> 무엇보다도 그것[사별]은 인간이라면 모두 해야 하는 경험이다. 우리는 사별을 감당할 수 있도록 만들어졌고, 사별 자체가 본질적으로 인간을 압도하는 사건은 아니다. 슬픔에 대처하는 우리의 반응은 상실을 비교적 빨리 수용하고 적응할 수 있도록 돕고, 우리가 빨리 생산적인 삶으로 돌아갈 수 있도록 한다.[39]

위는 **적응 유연성**resilience의 정의이다. 적응 유연성은 가장 일반적인 궤적 중 하나이다.

65세 이상 사별자를 대상으로 진행한 연구에 따르면, 참가자 대부분이 상황을 매우 유연하게 받아들이고 심각한 우울 증세나 고통을 느끼지 않았다. 또한, 배우자가 오랫동안 투병을 한 경우, 심각한 우울증은 사별 전에 나타나는 경향이 보였다. 이런 경우에는 사별이 오히려 안도감을 줬을 수도 있다.

적응 유연성에 관한 연구 결과는 전쟁과 테러 공격, 질병, 자연재해, 성적 학대에 대한 반응을 관찰한 연구에서도 동일하게 나타났다. 대부분의 사람은 인생에서 어떤 일을 당하든 다양한 상황에서 놀라운 적응력을 보였다. 수개월 내에 상당한 수준까지 정상의 삶을 회복한 것이다. 일반적으로 사별 직후에는 60% 정도의 참가자가 약간의 외상성 증상(수면 장애, 과잉 경계, 회상 등, 6장 참조)을 보였다. 6개월 이내에 이 수치는 10% 미만으로 떨어졌다. '아름답지 않은 극복법coping ugly'은 우리가 이러한 (잠재적으로) 외상 경험을 성공적으로 관리하는 능력을 설명하기 위해 사용되는 용어이다.[40]

대부분의 사람이 위로할 길이 없는 심리적 상태에 자신을 가두는 대신 뇌의 경보 체계(투쟁-도피 반응)를 약화시킨다. 감정이 격해지면, 일종의 내부 센서('적응 유연성 계측기')를 통해 균형 잡힌 상태로 돌아간다.[41]

하지만 가장 적응 유연성이 강한 사람들에게조차 사별은 매우 강렬한 경험이다. 사별은 평소에는 절대 하지 않았을 세상에 대한 질문과 세상 속 우리의 위치에 대한 질문을 던지게 하는 경험이다(7장 참조).

애도인가? 애도하는 중인가?

———

위에서 살펴본 대로 사별 경험과 대응 방법은 각양각색이고, 사람마다 특수성을 띈다. 이는 **애도의 프로필**(또는 애도의 여정)이 사람마다 다르다는 사별 지원 및 상담의 대표적 구호의 중심 생각이기도 하다.

우리가 '애도'라는 명사를 사용할 때, 애도 경험을 '사물'이나 '개체'로 변환하여 과학적, 객관적으로 연구하기 쉽도록 할 수 있다. (즉 애도라는 개념을 **구체화한다**.) 하지만 사별 경험을 일종의 **과정**으로 볼 때('애도하다', '애도하는 중이다'와 같은 동사 표현에 이런 의미가 함축됨), 우리는 사별의 경험을 더욱 유효한 방식으로 이해할 수 있다. 즉 시간이 흐르며 변하는, 예측할 수 없는 과정인 것이다.[42]

03

우리는 왜 애도하는가?

슬픔의 단계 모형과 이론은 애도 과정에 대한 **일반적**normative 설명을 제공한다. 즉, 사람들이 보통 어떻게 애도하는지를 설명하고(**서술적** 설명), 어떤 방식의 애도가 바람직한지를 제시한다(**처방적** 설명). 하지만 2장에서도 언급했듯 모든 사람이 공통적으로 겪는 유일한 애도 과정은 존재하지 않는다.

또한 애도에 관한 이론과 실제 경험 사이에는 격차가 존재할 수밖에 없다. 이는 2장에서 비유에 관한 이야기를 길게 한 이유이기도 하다. 비유를 사용하는 것은 애도의 개별성을 인정하고 연구하는 방식이다.

이번 장에서는 일반적 설명 중에서도 처방적 성격이 강한 이론과 모형에 초점을 맞출 것이다. 이러한 이론과 모형들은 애도의 실상을 설명하기보다는 애도가 정신 건강과 신체 건강을 유지하는 데 얼마나 중요한지를 강조하고, 애도의 목적과 심리적, 사회적 **기능**에 집중한다.

애착과 사랑, 상실

애도와 애도 행위에 대해 우리가 던질 수 있는 가장 본질적인 질문은 다음과 같다. 애도의 기간과 방식, 강도를 모두 차치하고, 우리가 사랑하는 이의 죽음 앞에서 슬퍼하는 이유는 무엇일까? 이에 대해서는 아래와 같이 답할 수 있을 것이다.

대다수 사람에게 사랑은 인생에서 가장 심오한 기쁨의 근원이고 사랑하는 사람을 잃는 것은 가장 격심한 고통을 준다. 그러므로 사랑과 상실은 동전의 양면과 같다. 상실의 위험을 감수하지 않고는 사랑 또한 가질 수 없다.[1]

사랑하는 이와 사별하면 슬퍼하는 것이 당연하다는 주장에서 여러 개의 본질적 질문이 파생된다. 그렇다면, 과연 사랑이란 무엇인가? 엄마를 향한 아이의 사랑과 섹스 파트너를 향한 성인의 사랑은 어떤 연관이 있을까? 엄마와 분리된 아이의 반응과 배우자를 잃은 성인의 슬픔은 어떤 연관이 있을까? 우리와 감정적으로 친밀한 사람이 세상을 떠나 이제는 만날 수 없게 되었을 때, 그는 우리에게 무엇을 줄 수 있는가?

애도 이론이 아닌 **애착 이론**에서 위 질문에 대한 답을 찾으려는 시도가 이루어졌다. 그러므로 애착 이론이 애도 이론의 기반을 제공했다고 볼 수 있다.

사랑에 대한 진화론적 이론, 애착

애착 이론이 애도 이론의 기반이 되는 이유는 **동물 행동학** 또는 **진화론적** 관점을 취하고 있기 때문이다. 볼비는 정신분석 전문의였다. (그의 이론과 정신 요법은 프로이트 이론에 기반을 두었다.) 하지만 그는 애착에 관한 프로이트의 설명에 매우 비판적이었다. 프로이트는 아기가 엄마에게 애착을 갖는 이유를 엄마가 아기를 먹이고, 그 외 생물학적 욕구(일차적 욕구)를 해결해 주기 때문이라고 보았다. 엄마를 향한 아기의 애착과 사랑을 **부수적**인 것으로 본 것이다. (이 설명은 타산적 사랑 이론이라고 알려져 있다.)

또한, 볼비는 동물 행동학자들의 영향을 많이 받았다. 특히 1930년대에 회색기러기 새끼들의 **각인** 현상 연구로 유명한 콘라트 로렌츠가 볼비에게 지대한 영향을 끼쳤다.[2] 선천적인 각인 본능은 아기가 엄마, 또는 엄마와 같은 존재에게 애착을 갖고 감정적 유대감을 형성하는 본능과 같은 것이라고 볼 수 있다. 볼비는 이를 **모성 애착 본능**monotropy이라 불렀다.

볼비가 영향을 받은 또 다른 연구는 1950년대에 할로의 붉은 원숭이 애착 실험이었다. 이 실험은 **접촉을 통한 위안**이 식욕만큼이나 본능적 욕구라는 것을 보여 주었다.[3]

진화론적 이론은 진화 과정에서 사랑이 수행하게 된 **기능**에 초점을 맞춘다. 인간은 다른 영장류에 비해 부모에게 의존하는 기간이 유난히 길다. 지난 백만 년 동안 아동기가 길어지고 뇌의 크기가 커짐에 따라, **일부일처제** 관계를 형성해야 한다는 선택 압력도 증가했다. 다시 말해, '사랑은……진화적 장치로 커플이 오래도록 함께하여 자녀가 성인이 될 가능성을 높이기 위한 것이다.[4] 수렵 채집 사회에서 생식 파트너 사이의 애착 관계가 강할수록 자손의 생존율은 증가했을 것이다.

애착 행동 체계

볼비는 남성과 여성 파트너 사이에서 세 가지 기본 **행동 체계**를 발견했다. **애착과 돌봄, 섹스**이다. 우리가 '사랑해'라고 말할 때에는, 세 가지 의미가 내포되어 있다. 첫째, **애착으로써의 사랑**이다. '행복과 안전, 안정을 위해 당신에게 감정적으로 의지하고 있어요. 당신이 없으면 불안하고 외로워요. 하지만 당신이 곁에 있으면 안심되고 강한 사람이 된 것 같죠. 당신의 감정적 위로와 응원, 돌봄을 받고 싶어요.' 둘째, **돌봄으로써의 사랑**이다. '당신을 응원하고 돌볼 때, 나는 너무 기뻐요. 당신이 발전하고, 건강히 성장하고, 행복해지도록 힘쓰는 게 나의 기쁨이에요.' 셋째, **성적 끌림으로의 사랑**이다. '성적으로 당신에게 끌려요…… 당신은 내 가슴을 뛰게 해요. 날 흥분시켜 내가 살아 있음을 느끼게 해 줘요.'[5]

　이 책에는 '애착으로써의 사랑'에 집중할 것이다.

인간의 애착 체계

유아기의 애착은 여러 목적을 갖는다. 첫째, 아기가 안정감을 느끼는 상태로 주변을 탐색하며 놀 수 있게 한다. 둘째, 아기가 엄마에게서 떨어져 이동할 수 있는 거리와 낯선 사람에게 보이는 두려움의 정도를 조정한다.

일반적인 애착 행동인 껴안기, 바라보기, 웃기, 울기, 엄마와 가까이 있으려 노력하기 등은 아기가 아프거나 겁에 질렸을 때, 혹은 낯선 환경에 있을 때 더욱 확연히 나타난다. 엄마가 언제나 곁에 있고 자신에게 반응해 준다는 확신이 들면, 아기는 안정감을 느낀다. 엄마가 곁에 없거나 반응을 보이지 않으면, 아기는 불안해하고 절박하게 엄마와의 애착 관계를 복구하려 애쓴다. 애타게 엄마를 부르거나 찾고, 가까이 가서 매달릴 것이다.

불편감의 요소 또는 단계

병원에 진찰하러 가는 것과 같이 아기가 엄마와 단기적으로 분리되면, 아기는 **불편감**distress을 느낀다. 이 불편감이 가지는 세 가지 주요 요소는 **저항**protest과 **절망**despair, **거리 두기**detachment이다.

처음에 즉각적으로 보이는 반응은 울기, 소리 지르기, 발버둥 치기, 빠져나가려고 애쓰기, 엄마를 붙잡으며 매달리기 등이 있다. **저항**은 아이가 분노와 두려움, 당황한 마음을 겉으로 직접 표현하는 것이다. 일반적으로 저항 이후에는 **절망**이 이어진다. 아이는 마음을 가라앉히고 무관심한 모습을 보이기 시작한다. 두려움과 분노를 마음속에 묻는 것이다. 다른 사람과 어떠한 상호 작용도 하고 싶어 하지 않는다. 다른 사람이 달래 주어도 거의 반응을 보이지 않는다. 몸을 흔들거나, 엄지를 빠는 등의 행동을 통해 스스로 안정을 찾으려 한다.

분리가 지속되면, 아이는 사람들에게 다시 반응하기 시작한다. 그러나 모든 사람을 똑같이 대하고, 다소 피상적 상호 작용을 한다. 이 단계에서 엄마와 재회하면, 아이는 엄마와의 관계를 다시 배워야 할 수도 있고, 최악의 경우 엄마를 거부할 수도 있다. (엄마도 아기를 '거부'했기 때문이다.) 세 번째 **거리 두기** 단계에서는 애착 행동을 **방어적으로 억제**한다. 거리 두기는 실제보다 심각해 보일 수 있다.

인류(호모 사피엔스)는 적대적이고 예측 불가한 환경에서 진화해 왔다. 이 상황에서 저항 반응은 아기를 보호자 가까이에 머물 수 있게 하여 아이의 생존율을 상당히 높였을 것이다. 이러한 맥락에서 보면, 보호자가 객관적으로 영원히 사라진 상황(사망한 상황)에서 사별자가 고인을 계속 그리워하고 찾는 등의 이해하기 힘든 분리와 상실 반응을 보이는 것이 좀 더 타당한 적응 반응으로 이해되기 시작할 것이다.[6]

성인도 사랑하는 배우자나 파트너를 잃으면 애착 대상을 찾고 다시 만나려 하는 등 동일한 반응을 보인다. 이는 때때로 사랑하는 사람을 다시 만나기 위해 따라 죽고 싶다는 자살 충동으로 나타나기도 하는데, 극단적인 경우, 자연스러운 자살 충동을 실행에 옮기기도 한다(6장 참조). 구체적으로 외로움은 애착 대상의 부재에서 생기는 감정이다. 다른 사람들이 아무리 많은 위로를 해 주어도 세상을 떠난 배우자나 파트너가 남긴 감정적 공백을 채울 수는 없다. 애착 유대는 **구체적 대상**이 있다. 우리가 애도하는 대상은 죽은 배우자나 파트너 자체이지, 그들이 수행했던 역할이 아니다. 애착은 상대와의 관계에서 오직 둘만이 공유한 경험과 기억에 관한 것이다.

볼비도 처음에는 성인 애도의 마지막 단계를 '거리 두

기detachment'라고 지칭했다. 하지만 후에 이를 '재조직화 reorganization'로 수정했다. 이는 많은 사별자가 고인이 된 애착 대상으로부터 방어적으로 '거리를 두지' 않고, 이를 바라지도 않는다는 볼비의 믿음이 반영된 것이다. 대신 사별자는 자신과 사랑하는 고인에 대한 인지적 표상(내적 작동 모델inner working models)을 재조정하여 고인과의 **유대 관계를 지속**하는 동시에 고인이 없는 삶에 적응한다(뒤에 소개되는 프로이트의 슬픔에 대한 설명 참조).

애착의 개별 편차

다양한 **애착 유형**에 대한 연구를 최초로 진행한 학자는 볼비의 연구 조교였던 메리 에인스워스였다. 그녀는 한 살 유아로 구성된 표본에서 세 가지 주요 애착 유형을 발견했다. **불안-회피형 애착**(A 유형), **안정형 애착**(B유형), **불안-저항/양가형 애착**(C 유형)이다.[7] 이후, **불안정-비조직형 애착**(D 유형)을 추가로 발견했다.[8] (A, C, D 유형은 **불안정** 애착 유형이라 불린다.)

비교적 최근까지 애착 유형과 애착에 관한 연구는 부모와 자식 간의 관계로 국한되었다. 하지만 볼비는 애착 행동을 인간이 '요람에서 무덤까지' 보이는 특징이라고 주장했다. 물론 애착 패턴과 그 결과는 성인이 되면 훨씬 복잡해진다. 1987년에 시행된 획기적 연구에서는 에인스워스와 동료들이 제안한 세 가지 기본 애착 유형을 성인과 성인 간의 성적, 연애 관계에 적용하였다. 이는 성인의 애착 유형과 유아기 부모와의 애착 관계의 상관관계를 알아보기 위한 연구였다.[9]

애착 유형과 상실에 대한 적응

전에도 언급했듯 사랑과 상실은 동전의 양면과 같다.[10] 에인스워스와 연구진이 최초로 밝혀낸 애착 유형들은 사람들의 **대처** 방식을 보여 준다. 결국, 개인이 상실을 잘 견디게 될지 여부는 특정 상황과 특정 세계관의 조합에 의해 결정된다.

파크스의 사랑과 상실 연구(1장 참조)는 파크스 자신이 수년간 정신과 의사로 환자를 상담하며 갖게 된 생각들이 옳았음을 확인시켜 주었다. 부모가 민감하고 신속하게 아이의 욕구를 해결해 주는 **안정적**인 가정 환경에서 자란 사람은 불안정한 환경에서 자란 사람에 비해 사별 후 겪는 고통의 강도가 경미했다. 이는 안정적인 가정에서 자란 사람들이 더욱 긍정적인 내적 작동 모델IWM, 조화로운 결혼 생활, 다른 사람의 도움을 더욱 적극적으로 구하는 태도를 갖는 것과도 연관이 있다. 하지만 파크스의 연구에서는 정신 병력이 있는 표본 그룹과 대조 그룹에서 **불안정** 애착이 형성되는 비율이 비슷하다는 사실도 발견했다. 이는 불안정 애착이 정신 문제와 그리 큰 상관관계가 없다는 의미이거나, 불안정 애착이 복합적인 영향을 미칠 수 있다는 의미이다. 때때로 불안정 애착은 완벽하지 않은 어른의 세상에서 대처하는 데 유용한 방식일 수 있으며, 피하기 힘든 사별의 고통을 겪는 과정에서도 도움이 될 수 있다. (추후 이 **중 과정 모형**dual process model에 관한 논의에서 애착과 상실을 다시 다룰 것이다.)

고인과의 거리 두기

1장에서 언급했듯 프로이트는『애도와 멜랑콜리아』에서 사별로 인한 슬픔의 본질과 기능을 최초로 다루었다. '멜랑콜리아'는 오늘날 임상 우울증 또는 주 우울증이라 불리는 일탈적이고 복합적이며, 건강하지 못한 애도(또는 비탄)를 의미한다. 프로이트에게 애도란 잃어버린 사람이나 대상과의 관계를 끊고 거리를 두는 것이었다. 상실한 대상을 붙잡고 싶은 욕망과 고인이 곁에 없다는 것을 더욱 실감하고 있음이 반영되어 있는 반응이다. 애도 작업은 매우 복잡하며 상당한 시간과 노력이 든다. 사별자는 고인이 된 사람 혹은 대상에 많은 정신적, 심리적 에너지(리비도)를 투자했을 것이다. 그러므로 상실 후의 고통은 피할 길이 없다. 애도 작업의 목표는 이미 잃어버린 대상에게서 리비도를 회수하여 자아(인간의 성격에서 의사 결정을 내리는 의식 영역)를 해방하고 새롭게 건강한 애착 관계를 형성하도록 하는 것이다. 이것이 바로 프로이트가 말한 애도 작업이다. 애도 작업의 심리적 기능은 '생존자의 기억과 희망을 고인에게서 분리하는 것'이다.[11]

애도 작업

슬픔의 단계 이론과 마찬가지로 '애도 작업을 거쳐야 한다'는 개념은 사별에 관한 대중 서적이나 과학 서적을 통해 매우 잘 알려져 있다.[12] 그러나 오늘날 많은 학자들이 이 믿음이 옳은 것인지 의문을 제기한다.

애도 작업은 일종의 인지 작업으로 고인이 죽은 현실을 직시한다. 죽음의 순간과 그 전후의 상황을 복기하고, 고인과의 추억에 집중하며 고인과 거리를 두고 재조정하는 과정이다. 사별자는 상실의 현실을 최대한 인식할 필요가 있다. 이 현실을 외면하는 것은 병적 반응이다. **애도 작업 가설** grief work hypothesis, GWH에 의하면, 사별의 경험을 직시해야 상실을 받아들이고 해로운 결과를 피할 수 있다.[13,14]

애도 작업과 격심한 슬픔 반응

볼비는 프로이트의 애도 작업이라는 개념을 자신의 애도 과정 이론에 통합시켰다. 마찬가지로 린더만은 애도 작업을 자신의 **격심한 슬픔 반응**acute grief 이론에 통합했다.

격심한 슬픔 반응은 일반적으로 신체적 고통, 고인의 이미지에 대한 집착, 죄책감, 적대감, 일상 행동의 변화를 동반한다. 사별자 다수가 고인이 하던 행동을 모방하는 모습을 보이기도 한다. 애도 작업은 고인과의 유대 관계에서 벗어나 고인이 없는 환경에 적응하고 새로운 관계를 형성하려 노력하는 것이다.

슬픔이 초래하는 극심한 고통을 회피하면, 애도 작업을 억제하고 복잡하게 만들 수 있다. 지연되거나 왜곡된 애도 반응은 병적 애도 혹은 건강치 못한 애도 반응을 초래할 수 있다.

사별 이후, 슬픔을 겪는 것은 사별자가 고인과 자신에 대한 내적 작동 모델을 재조정하는 데 중요하다. 이를 통해 고인과 '거리 두기'를 하거나, 관계를 '재조직' 하고(58~59쪽 참조), 혹은 고인과의 유대가 깨질 수도 있지만,[15] 동시에 고인과의 지속적 관계를 더욱 강화할 수도 있다. (자신의 삶에 고인을 재배치하여 고인의 물리적 부재에 서서히 적응하게 된다.)

애도 작업 가설에 대한 평가

애도 작업이라는 개념이 이론과 응용 분야 모두에 큰 영향을 미쳤을 뿐만 아니라, 사별의 슬픔에 대처하기 위한 '청사진'을 제시하는 역할까지 했다는 것은 놀랄 일이 아니다.[16] 2장의 셰익스피어 인용에 나왔듯, '비탄이 입을 열도록' 하는 것은 분명 옳은 방법처럼 보인다. 어떤 형태로든 (특히 언어로) 슬픔을 표현하는 것이 중요하다.

하지만 애도 작업 가설에는 네 가지 결점이 있다.[17] 일단 '애도 작업'의 정의가 명확하지 않다. (예를 들어, 사별의 슬픔을 **반추하는 것**은 부정적인 것이고, 사별의 슬픔을 '단계별로 겪는 것'은 긍정적인 것으로 인식되어 혼란이 가중된다.) 이는 그리움이나 고통 같은 애도 작업의 특정 요소들을 **측정**하기 어렵게 만든다. 또한, 애도 작업을 뒷받침하는 증거도 부족하다. 슬픔을 직면해야 상실에 적응할 수 있다는 것을 입증할 증거는 거의 존재하지 않는다. 오히려 슬픔을 겪는 과정이 실제로는 상실에 적응하지 못하도록 방해할 수 있다는 증거가 존재한다.[18] 마지막으로, 애도 작업이 인간 슬픔의 **보편적** 특징이라고 단정 짓기도 어렵다(4장 참조).

애도 작업이 슬픔의 단계 모형 개발에 근본적인 개념을 제공하기는 했지만(2장 참조), 슬픔의 단계 모형이 보여 주는 애도 작업의 과정은 다소 **수동적**이다. 개인이 슬픔의 단계에 '놓이는 것'처럼 비춰진다. 이는 애도에서 큰 부분을 차지하는 개인의 능동적 노력을 무시하는 표현이다. 또한 애도 작업에서는 유예 기간을 허용하지 않는다. 그러나 애도는 고되고 지치는 경험이기 때문에 잠깐의 '휴식'으로 사별자는 회복을 경험할 수도 있다.[19] 게다가 애도 작업 가설은 **일차적 상실**, 즉 고인에게만 집중하기 때문에 사별 후 발생하는 많은 **이차적 상실**을 등한시한다. 이차적 상실은 하나씩 보면 그렇지 않을 수 있지만, 모두 합치면 일차적 상실만큼, 혹은 그 이상의 적응을 필요로 할 수 있다(1장 참조).

애도의 과업

애도는 특정 상태가 아니라 네 개의 능동적 **과정**으로 인식되어야 한다.[20] 순서가 정해져 있지는 않지만, 각 과정의 이름에 순서가 **암시**되어 있다. 예를 들어, 상실이 발생했다는 사실을 받아들이지 않는다면 상실의 감정적 충격을 다루는 것은 불가능하다.

워든은 첫 번째 과업을 **고인이 죽은 현실을 인정하고 수용하는 것**이라고 말했다. 볼비와 파크스가 광범위하게 설명한 고인을 탐색하는 행동(58~59쪽과 2장 참조)이 이 과업과 직접적 연관이 있다. 현실 부정은 여러 형태로 나타날 수 있지만, 가장 흔한 형태는 상실의 세부 사항과 의미, 또는 상실 이전의 상태로 돌아갈 수 없음을 부정하는 것이다. 이러한 부정의 한 예로는 **미라화**化[21]가 있는데, 이 경우 사별자는 고인이 돌아왔을 때를 대비해 고인의 방을 생전 모습 그대로 유지한다.

두 번째 과업은 **슬픔의 고통을 체험하고 소화하는 것**이다. 사별자가 고통에 압도되지만 않는다면, 사별 중에 고통을 경험하는 것은 적절한 반응이다. 사별의 고통은 육체적 고통과 감정적, 영적 고통을 동반한다(2장 참조). 사별자는 고통을 인정하고 받아들여야 한다. 그러지 않으면 사별의 고통은 특정 증상으로 발현되거나 다른 일탈적 행동으로 나타날 수 있다. 깊이 사랑했던 사람을 보내며 고통을 겪지 않는 것은 불가능한 일일 것이다.

세 번째 과업은 **고인이 없는 세상에 적응하는 것**이다. 사랑하는 사람을 잃으면 사별자는 발견의 여정을 떠나게 된다. 이 여정에서 고인과의 관계가 얼마나 중요했는지, 고인이 자신을 위해 얼마나 많은 일을 해 왔는지 깨닫게 된다. 사별자는 이 일들을 해 줄 고인이 이제는 존재하지 않는다는 사실을 받아들이고, 그 역할을 스스로 수행하기 위해 새로운 기술을 배운다. 대부분의 경우, 고인이 자신을 위해 얼마나 많은 일을 하고 있었는지 모르다가 고인이 죽고 나서야 알게 된다.

마지막 네 번째 과업은 **새 인생을 시작하는 과정에서 오래 지속되는 고인과의 유대를 찾는 것**이다. 이 과정의 핵심은 고인과의 관계를 조정하고 재구성하여 사별자도 만족하고, 새로운 상황에도 적합한 균형을 찾는 것이다. 이 과정에서 사별자는 자신의 정체성을 다시 생각하고 상실의 상황에 맞게 고인과의 관계를 재구성해야 한다. 과거를 회상하며 미래의 삶의 질이 떨어질 정도로 신경증적 집착을 하지 않도록 유의하고, 새로운 사람들과 애착 관계를 형성하는 데 마음을 열어야 한다.

많은 사별자, 특히 배우자를 잃은 사별자들은 마지막 과업을 가장 어려워한다. 그들은 감정적 애착을 거두는 것이 고인이 된 배우자에 대한 배신이라고 생각하고 이 단계에서 앞으로 나가지 못하고 갇혀 버린다.

위의 과업에는 애도를 상실과 슬픔에 대처하는 **적극적 방법**이자, 사별자가 통제력을 되찾을 수 있도록 돕는 수단으로 보는 관점이 반영되어 있다.[22] 애도가 고인과의 애착 관계를 완전히 끊는 것이 아니라는 점을 명심하자. 고인과의 관계는 새로운 방식으로 지속될 것이다.

슬픔과 변화에 대한 적응

———

상실의 슬픔이란 본질적으로 없어진 사물이나 사람에게 끌리는 감정이다. 이 감정은 실제 세상과 '바라는' 세상의 차이를 인식할 때 발생한다.[23]

내가 바라는 세상은 마음속의 구상이다. 이는 한 사람의 애도 경험이 개인적이고 유일하다는 의미이다.

심리·사회적 전환

정신 건강과 관련해 가장 위험한 인생의 변화들(또는 **심리· 사회적 전환**psychosocial transitions, PSTs)은 그 여파가 오래 지속되는 반면, 상대적으로 짧은 기간에 발생하기 때문에 준비할 기회가 거의 없다. 또한 이러한 변화는 사별자의 **가정적 세계** (우리가 경험에 근거하여 자신과 타인, 세상에 대해 당연시하는 모든 것)에 큰 변화를 준다.

배우자가 죽으면 아침에 일어나 밤에 빈 침대에 눕는 순간까지 삶의 여러 영역에서 당연했던 것들이 당연하지 않은 것으로 변한다. 배우자를 잃고 혼자 살기로 결심했다면, 행동과 생각의 습관을 반드시 바꿔야 한다.[24]

다른 습관과 마찬가지로, 행동과 생각의 습관은 무의식적인 것이므로 바꾸기 어렵다. 어려움이 찾아올 때 기대던 대상이 고인이었다면, 사별 후의 슬픔은 배가된다. 상상을 초월하는 최악의 상황에서 우리는 이제 이 세상 사람이 아닌 고인을 계속해서 속수무책으로 찾게 될 것이다. 익숙했던 세상은 갑자기 낯선 곳으로 변하고, 마음속 세상에서 자신감을 잃게 된다.

말 그대로 슬픔 속에서 길을 잃게 될 것이다. 생각이 혼란스러울수록 한 발짝 물러서서 무엇을 잃었고 무엇이 아직 곁에 남아 있는지 파악하기가 힘들어진다.[25]

내적 세계에서 자신감을 잃은 사람은 불안감을 느낀다. 불안과 두려움이 판단력을 흐리고 집중력과 기억력도 저하된다.

심리·사회적 전환은 삶의 여러 영역에서 동시다발적으로 역기능을 초래한다. (이는 이차적 상실이라 할 수 있다.) 배우자의 죽음은 다음의 것들을 모두, 또는 일부 잃게 되었다는 의미이다. 성적 파트너, 보호처, 자존감을 확인해 줄 상대, 반려자, 금전적 수입, 취미를 같이하는 파트너, 지위, 기대감, 자신감, 집, 부모 등등. 하지만 때로는 사별이 책임감에서 해방됐다는 의미일 때도 있다. 상대를 돌보고 공감해 주어야 한다는 의무감에서 해방되어 억제됐던 잠재력을 실현할 자유를 줄 수도 있다.

심리·사회적 전환 이론과 외상

사별의 심리적 여파에 관한 다수의 연구에 따르면, 급작스럽거나 예상치 못한 죽음, 혹은 때 이른 사별의 경우, 사별자가 고인의 죽음을 예상하고 준비했을 때보다 문제가 생길 확률이 높다. 애도를 복잡하게 만드는 다른 요인으로는 폭력이나 신체 훼손, 비난할 대상이 있는 죽음(살인, 자살), 사체 미수습 등이 있다. 이는 모두 **외상성 상실**의 예이다(6장 참조).

하버드 연구(1장 참조)에 따르면 배우자를 예상치 못한 사건으로 이른 나이에 여읜 젊은 사별자들은 사별 초기에 상실을 부인하고 배우자의 죽음을 직면하지 못하는 성향이 더욱 강하게 나타났다. 일정 시간이 지나도 죽은 배우자의 존재감과 배우자에 대한 의무감을 지속적으로 느꼈고, 사회적 위축과 함께 끊임없는 불안, 우울, 외로움, 그리고 많은 경우, 자책하는 모습을 보였다. 배우자의 죽음을 미리 예상했던 사별자들은 이 모든 부작용을 비교적 덜 겪었다.

심리·사회적 전환 이론과 애착 이론

애착 이론이 고인을 위해 울고 싶은 마음과 찾을 수 없는 고인을 찾고 싶은 충동을 설명해 준다면, 심리·사회적 전환 이론psychosocial transition theory, PSTT은 사별자가 급격한 변화 앞에서 자신의 인생을 다시 생각하고 계획할 필요가 있음을 설명해 준다. 그렇다면 이 두 가지 대안적 이론이 사별자의 실제 인생에 어떻게 적용될까?

이에 대한 답은 이어서 살펴볼 **이중 과정 모형**에서 찾을 수 있다.[26]

상실과 회복의 주기적 반복 모형

───

사별에 관한 이중 과정 모형dual process model, DPM이 등장한 것은 사별 관련 이론가들 사이에서 우려의 목소리가 커졌기 때문이었다. 특히 1990년대에 애도 작업 가설이 효과적인 사별 대처법을 설명하기에 충분한지를 두고 우려가 제기되었다. 앞서 다룬 비판적 시각(65~66쪽 참조) 외에도 두 가지 의구심이 존재했다. 첫 번째 질문은 '애도 과정에서 관찰되는 현상들이 애도 작업 가설에 제대로 반영되어 있는가?'였다. 두 번째 우려는 애도 작업 가설을 일반적으로 적용한 예가 부족하다는 것이었다.[27]

첫 번째 사안과 관련하여, 애도 작업 가설에서는 일차적 상실인 죽음을 **직면**해야 한다고 강조하지만, 이를 **회피**하는 성향과 사별로 인한 이차적 상실(스트레스 요인)에는 관심을 두지 않는다. 또한, 애도 작업 가설은 애도를 전적으로 내적, 혹은 **자기 성찰적** 과정으로 보지만, 사랑하는 이의 죽음을 받아들이기까지의 역동적 과정은 고립된 상태에서 이루어지지 않는다. 주변 사람들이 있고, 그중 일부는 사별자와 함께 애도의 과정을 겪는다. 그러므로 애도는 자아 성찰적 층위와 **대인 관계적** 층위에서 이중으로 발생하는 과정이라 할 수 있다.

애도 작업 개념에는 사랑하는 이가 죽고 난 후에 최대한 빨리 마음을 긍정적으로 먹고, 건강과 행복을 되찾아야 한다는 가정이 내포되어 있다. 이는 고통은 나쁜 것이고 긍정적 상태와 감정을 유지하는 게 이상적이라는 암시를 준다. 이 관점은 많은 사람들의 현실과는 거리가 있다(4장 참조).

성별과 관련하여 애도 작업 가설은 남성적 애도 방법이 선호된다는 사실을 충분히 고려하지 않는다. 일반적으로 남성은 여성보다 고통과 우울감을 겉으로 잘 표현하지 않는다. 1장에서 우리는 남성과 여성의 전형적인 애도 방법을 **도구적**, 또는 **직관적** 애도라고 명명했다. 앞서 언급했듯, 성별은 애도의 유형에 **영향**을 끼치긴 하지만, 애도 유형의 결정적 요인은 아니다. (만약 그랬다면, 성별 '법칙'에 예외란 없었을 것이다.)

또한, 애도 작업 가설은 주로 여성 표본 집단을 대상으로 시행한 연구를 기반으로 한다. 애도 작업 가설이 '여성의 애도 모형'이라는 의미이다. 그러므로 이 가설을 남성 애도자에게 적용할 수 있을지 의문이 제기된다.

비슷하게, 애도 작업 가설은 **특정 문화권에 국한**된다. 적어도 외면적 층위에서는 그렇다. 사회적으로 용인되는 애도 방법이나 '건강한' 대응법에 관한 다른 의견이 비非서구 문화권에 있을 수 있다. 일부 문화권에서는 사별의 슬픔에 정형화된 단계가 있다는 것과 관련한 증거가 거의 없거나 아예 없다. 또한, 이러한 단계별 슬픔이 사별자와 주변 사람의 건강에 해롭다는 인식도 있을 수 있다. (문화적 차이에 관해서는 4장에서 더욱 자세히 다루겠다.)

이중 과정 모형의 주요 요소

이전 모형들과 달리, 이중 과정 모형은 특별히 배우자의 사별에 대처하는 법을 다루기 위해 고안된 모형으로, 최근에 와서야 자녀 사별과 노인 사별 등 모든 유형의 사별에 적용하기 시작했다. 이중 과정 모형은 또한 '작은 애도'라 할 수 있는 **향수병**을 이해하는 데에도 도움이 될 수 있다.[28]

이중 과정 모형은 상실 **대처법**에 대한 모델을 제공하고, 사별자들이 상실을 수용하며 보이는 개인차를 이해하기 위해 고안되었다. 이 모형은 사별 관련 스트레스 요인을 본질적으로 두 가지로 구분한다. **상실 지향**과 **회복 지향**이다.

　상실 지향성은 사별자가 상실의 경험 자체(즉, **일차적** 스트레스 요인)에 집중해 상실의 경험을 평가하고, 처리하는 것을 말한다. 이러한 상실 지향성은 애도 작업을 포함한다. 상실 지향 스트레스 요인의 주요 특징은 고통스러울 정도로 고인을 그리워하고 찾는 감정이다. 이러한 감정은 애도의 중요 현상이기도 하다. 또 다른 특징은 고인과 함께했던 인생을 회상하고 죽음의 상황과 사건을 반추하는 것이다. 이 과정에서 엄청난 감정 기복을 경험하게 된다. 행복한 기억에 잠기다 가슴을 에는 그리움을 느끼고, 고인이 고통에서 해방되었다는 안도감을 느끼다가 이제는 혼자라는 절망감에 휩싸이기도 한다.

　회복 지향성은 사별 이후 나타나는 **이차적** 스트레스 요인에 집중한다. 고인이 없는 세상에서 사별자가 자신을 재정비하는 노력이 주를 이룬다. 사별에 직면해 인생에 대해 다시 생각하고 인생 계획을 재정비하는 것은 애도의 주요 현상이기도 하다(심리·사회적 전환 이론 논의 참조). 여기서 초점은 **무엇을** 해결해야 하고 **어떻게** 해결할 것인가에 맞춰져 있으며 이러한 과정의 결과는 그리 중요하지 않다. 예를 들어, 사회적 고립이 문제라면 사회단체에 가입해 고립감을 해결하는 것이 중요하지 이러한 결과로 인해 행복과 사회적 소속감이 생기는 것은 그리 중요하지 않다. 상실 지향 스트레스 요인과 마찬가지로, 회복 지향 스트레스 요인도 복잡한 감정을 동반할 수 있다. 새로운 기술을 익히며 안도감과 자신감을 느끼고 용기를 내서 혼자 외출에 나서다가도, 혼자선 아무것도 할 수 없다는 두려움과 불안감, 다른 사람들과 함께 있지만, 배우자가 없이 '혼자'라는 사실에서 오는 절망감에 휩싸이기도 한다.

상실 직면과 회피의 주기적 반복

상실 지향성과 회복 지향성 모두 스트레스를 초래하고, 그 결과 고통과 불안이 나타날 수 있다. 하지만 두가지 모두 사별에 대처하는 과정이다. 두 가지 유형의 스트레스 요인을 해결하거나 회피하는 과정은 역동적이고 변화무쌍하다. 이러한 역동적인 대처 과정을 **주기적 반복**으로 묘사할 수 있다.

주기적 반복 개념에는 사별자가 때로는 상실을 직면하지만, 때로는 회피한다는 원칙이 기저에 있다. 이는 회복

과업에도 적용될 수 있다. 또한, 사별자가 애도 반응을 전혀 보이지 않는 '휴식기'가 있을 수도 있다. 우리가 사별에 대처하는 과정은 직면과 회피를 왕복하는 복잡하고도 규칙적인 과정이다. 두 가지 요소를 반복하는 것은 상실 이후 상황 적응에 필수적이다.

이중 과정 모형은 슬픔을 단계나 국면으로 설명하지 않는다. 그보다는 사별의 슬픔을 시간의 흐름에 따라 달이 차고 기우는 것과 같은 현상으로 바라본다. 사별 초기에는 상실 지향성이 두드러지지만, 시간이 흐를수록 이차적 상실과 회복에 관심이 쏠린다. 예를 들어, 초기에는 새로운 정체성보다는 죽음의 상황에 집중하지만, 시간이 흐르며 관심의 축은 반전될 가능성이 높다. 또한, 세월이 흐르면 상실과 회복의 과업에 할애하는 전체 시간 자체가 감소할 것이다.

이중 과정 모형의 평가

'회복'은 이제는 존재하지 않는 사별 전의 세계, 혹은 상실로 부서진 사별자의 가정적 세계를 재창조하려는 노력이 아니다. 그보다는 사별자가 눈앞에 펼쳐진 새로운 세계에 적응하려는 노력이다. 그러므로 과거의 삶이 아니라, 현재와 미래를 생산적으로 살 수 있는 사별자의 능력을 회복하는 것이다.[29]

이중 과정 모형과 복합 비애

이중 과정 모형은 **만성** 슬픔, 슬픔의 **부재**, 혹은 **억제된** 슬픔과 같은 복합 비애나 병적 유형의 애도를 이해하는 틀을 제공한다. 이전 모형에서는 이러한 유형의 애도를 따로 구분하지 않거나 명확하게 설명하지 않았다. 만성적 슬픔을 겪는 사별자는 상실 지향 활동에 집중하고, 슬픔이 부재한 사별자는 회복 지향 활동에 집중한다. 외상성 사별을 겪으면 상실과 회복 지향성을 자연스럽게 왕복하지 못하고 슬픔에 잠식되거나 회피하는 등 극단적인 증상을 보일 수 있다. 그러나 상실 지향성의 복합 비애와 회복 지향성의 복합 비애 모두에서 **반응은 극단적으로 나타나며** 한 가지 지향성에만 집중하고 다른 지향성은 회피한다. 이러한 극단적 패턴은 이중 과정 모형이 '정상적'인 사별 대처의 주요 특징이라고 정의한 직면과 회피의 주기적 반복과는 매우 다르다.

이러한 병적 비애는 위에서 소개한 주기적 반복을 방해하는 요소로 간주할 수 있다(6장 참조).

이중 과정 모형과 복합 비애, 애착 이론

최근 들어 복합 비애와 애착 유형 간의 상관관계를 이중 과정 모형의 맥락에서 논의하기 시작했다. 예를 들어, 이중 과정 모형의 예측에 따르면 사별자가 상실 지향성과 회복 지향성을 어느 정도로 보일지는 여러 요인들에 의해 결정되며, 특히 사별자와 고인의 애착 유형이 중요한 요인으로 작용한다(59~61쪽 참조).

고인과 **안정형 애착 관계**를 맺었던 사별자는 사랑하던 고인과의 감정적 기억을 어려움 없이 떠올리고 일관되게 이야기한다. 이는 정상적 애도 반응이다. 이들은 건강한 상실 반응과 회복 국면을 주기적으로 반복할 것으로 예상된다.

고인과 **불안-회피형 애착 관계**를 맺었던 사별자는 관련 감정을 억누르고 회피하며 슬픔을 보이지 않거나 억제된 애도 반응을 보일 것이다. 그들은 아무 일도 벌어지지 않은 것처럼 행동하고, 회복 지향 활동에 바로 집중할 것이다. 고인과의 유대 관계가 너무 **약한** 것이다.[30] (그러나 다수의 필자가 슬픔의 부재를 꼭 병적 슬픔이라고 볼 수는 없다고 주장했다. 고인과 사별자의 애착 관계가 슬픔을 초래할 만큼 강하지 않았거나, 사별자의 애도가 이미 끝났다는 의미일 수도 있기 때문이다.)

고인과 **불안–양가형 애착 관계**를 맺었던 사별자는 고인과의 유대 관계에 집착하며 매우 감정적인 반응을 보일 것이다. 상실 지향 활동에 집중하느라 회복 관련 활동은 하지 않을 것이다(만성적 슬픔). 이는 고인과의 유대감이 너무 **강한** 경우에 해당된다.

고인과 **비조직형 애착 관계**를 맺었던 사별자는 친밀했던 고인과의 기억을 일관되게 생각하거나 말하지 못하고, **외상성 애도** 반응을 보일 수 있다.[31]

고인과 불안형 애착 관계였던 사별자들은 감정적 '압도'와 패닉, 충동성, 분노 등을 경험하는 과각성 상태로 보일 수 있다. 반대로 회피형 애착 관계를 가진 사별자는 감정적 마비와 단절, 마음의 문을 닫아 버리는 저각성 상태처럼 보일 수 있다.[32] 이는 사별의 결과에 영향을 끼칠 것이다. 구체적으로는 난관을 통합적으로 처리하는 능력(상실 지향과 회복 지향을 자유롭게 전환하는 능력)에 영향을 줄 것이다.

이중 과정 모형과 성별 차이

이중 과정 모형은 남성과 여성의 애도 방법 차이를 이전 모형에 비해 잘 설명한다. 여성 사별자는 상실 지향성을 보인다. 다시 말해 적극적으로 고통을 느끼고 표현한다(**일차적 상실**). 이와는 반대로 남성 사별자들은 회복 지향성을 보인다. 적극적으로 **이차적** 상실에 집중하는 것이다. 상실-회복 지향의 전환이 잘 이루어지지 않는 경우를 제외하고, 이러한 성별에 따른 성향 차이는 일반적으로 큰 문제를 일으키지는 않을 것이다.

여성이 직관적 애도를 하는 경향은 이중 과정 모형에서 여성을 상실 지향적이라고 설명한 부분과 맞아떨어진다. 남성은 대체로 도구적 애도자일 가능성이 높은데, 이는 남성이 회복을 지향하는 경향과도 일치한다.

자녀를 잃은 부부의 경우를 살펴보자. 상실 지향성이 강한 엄마는 회복 지향적인 아빠를 보며 자신과 **다른 방법으로** 슬퍼한다고 생각하는 것이 아니라 남편이 '나보다 덜 슬퍼하고 있다'고 생각할 것이다. 이런 생각은 부부가 아이를 잃은 상황에 적응하는 데 부정적인 영향을 끼칠 수 있다.[33] 아내가 남편과 비슷하게 회복 지향적인 경우, 부부는 긍정적으로 적응하는 것으로 나타났다.[34] 이는 사별 후 대처와 적응 과정에 **대인 관계적 요인**도 영향을 끼친다는 사실을 보여 준다.

이중 과정 모형과 문화적 차이

문화마다 슬픔을 표출하고 표현하는 방식에 대한 규범이 다르다. 이러한 문화적 차이를 '상실 지향 대 회복 지향' 관점에서 이해할 수 있다. 예를 들어, 발리 섬의 이슬람 사회는 회복 지향적이라고 분류할 수 있다. 그들은 공개적으로 슬픔을 잘 표현하지 않고, 마치 아무 일도 없었던 듯 바로 일상을 살아간다. 반면, 이집트의 이슬람교도들은 슬픔을 공개적으로 표현한다. 고인을 추억하고 상실의 고통을 공유하는 모임을 갖는다.[35] (4장의 기타 예시 참조)

죽음 이후에도 지속되는 유대

―――

앞서 언급했듯, 볼비는 성인의 애도 과정 중 마지막 단계를 '거리 두기'라고 했다가, 이후 '재조직'이라는 용어로 대체했다. 볼비는 고인과의 유대 관계를 지속하면서도, 동시에 고인이 없는 세상에 적응하여 살아갈 수 있다고 생각했다. 프로이트는 거리 두기 단계에서 고인을 완전히 포기하고 고인에게 쏟았던 에너지를 모두 회수해야 한다고 주장했지만, 볼비가 생각한 '거리 두기'는 고인과의 유대를 어느 정도 유지하도록 허용하는 것이었다. 클라스 외 여러 학자가 공동 저술한『지속적인 유대: 슬픔에 대한 새로운 이해 Continuing Bonds: New Understanding of Grief』는 '거리 두기 가설'을 거부할 때 가장 많이 인용되는 자료이다. 하지만 대부분의 편집자와 저자들이 프로이트와 볼비를 거리 두기 가설을 옹호하는 측으로 같이 묶는 실수를 범한다. 그리고 자신들의 주장이 애착 이론과 대비되거나 반대라고 정의한다.[36]

다수의 정신 분석적 상담 치료사들이 미숙한 반응, 혹은 병적 반응이라고 평가하는 애도 반응들이 있다. 고인을 탐색하고 그리워하거나, 고인이 된 애착 대상을 향해 분노와 양가감정을 갖는 것 등은 사실 애착 체계가 정상적으로 작동할 때 관찰되는 요소이다.[37] 사별자들은 예고 없이 불쑥 찾아오는 고인과의 기억에 힘들어 한다. (C. S. 루이스는 이를

'뜨거운 기억의 급작스럽고 날카로운 타격'이라고 묘사했다.)[38] 이러한 '날카로운 타격'은 사별자의 무의식과 전의식에 아직 완전히 반영되지 않은 상실을 받아들이는 정상적인 과정이다. 고인과의 기억은 사별자의 마음속에서 고인이 된 애착 대상의 내적 작동 모델의 일부가 된다. 갑자기 찾아오는 기억이 주는 고통의 강도는 보통 시간이 지나면 약해진다. (불 같은 기억의 온도가 식어 가는 것이다.) 사별자가 상실에 익숙해지고, 감정에 둔감해졌기 때문이기도 하고, 현실 감각을 찾고 상황을 받아들였기 때문이기도 하다. 하지만 사별자의 기억 속에 존재하는 고인을 향한 애착은 지우기 힘들다.

사별의 슬픔을 다루는 과정은 고인을 잊는 과정이 아니라 감정적 중립화로 해석될 수 있다.[39]

지속되는 고인의 존재감이 건강한 애도의 일반적 특징이라는 사실을 인정하지 않음으로 인해 애도의 이론화 작업에 엄청난 혼란이 있었다. ……지속되는 고인의 존재감을 느끼는 경우가 많다는 연구 결과와 고인의 존재감이 긍정적 결과와 양립 가능하다는 연구 결과들은 ……

'그것(애도)의 기능은 생존자의 기억과 희망을 고인에게서 분리하는 것'(SE 13, p. 65)[40]이라고 주장한 프로이트의 이론과 상충된다.

『지속적인 유대: 슬픔에 대한 새로운 이해』가 발표되기 16년 전에 볼비는 이미 지속적인 유대continuing bonds, CBs 개념에 대해 이야기했다.[41]

지속적인 유대에 관한 후속 이론 및 연구

연구에 따르면 지속적인 유대는 안정적이거나, 불안정적(특히, 미해결이거나 비조직형 애착 관계의 일부일 경우)일 수 있다. 고인이 된 애착 대상의 훌륭하고 다정한 성품을 긍정적으로 인식하고 이 중 일부를 사별자가 자신의 것으로 체화하는 것과, 고인이 갑자기 상상 속에 나타나거나 고인을 실제로 볼 수 있는지 혼란을 겪는 것은 매우 다른 일이다.

대부분의 실증 연구는 지속적인 유대의 구체적 측면에 초점을 맞춘다(고인이 생전에 입던 옷이나 물건을 버리지 않거나 여러 방식으로 고인을 의식하는 것 등). 이는 해결하지 못한 슬픔과 건강한 슬픔을 구분하는 데 별 도움을 주지 못했다. 지속적 유대가 적응에 끼치는 영향은 사별 후 시간이 얼마나 흘렀는지에 따라 결정된다. 격심한 슬픔 반응의 기간이 지난 이후라면, 고인과의 감정적 유대가 위안을 줄 수도 있다는 연구도 있다.

『지속적인 유대』출간 이후, 죽음이 고인과의 관계를 단절시키는 것이 아니라 변화시킨다는 생각이 자리를 잡게 되었다. (적어도 나는 우리가 죽은 사람들과의 관계를 유지하고 있다고 믿는다. 보통 관계는 양방향이라고 생각하지만, 그 사람이라면 이 상황에서 어떻게 했을지 궁금해 하거나, 내 행동이나 결정에 대해 뭐라고 할지 머릿속으로 질문해 본 적이 있지 않은가? 나는 아직도 돌아가신 부모님, 먼저 떠난 친구의 목소리를 마음속에서 듣고, 이를 통해 그들과 '대화'한다!)

지속적인 유대에 관한 개념이 널리 수용된 것은 사별 이론의 정립이나 임상적 이해에 반가운 소식이다. 다수의 지속적인 유대 관련 연구가 부모와 자식 간의 유대에 초점을 맞춘다는 점 또한 중요하다. 돌아가신 부모님이나 형제자매와 관계를 지속하는 사례들은 배우자 상실에 대한 일반적 연구에 획기적 대안을 제시할 수 있다(5장 참조).

04

적절한 애도란 무엇인가?

애도에 관해 논의할 때, 본질적으로 다양한 강도로 표현된 주관적이고 사적인 경험으로서의 애도에 초점을 맞췄다. 이는 20세기에 심리학이 각광받았기 때문이기도 하다. 사회학은 사회적 제도와 사회 전반을 다루지만, 심지어 사회심리학까지도 심리학은 **개인**에게 집중한다.

심리학과는 정반대로, 인류학은 사회적으로 인정되는 슬픔의 외적 표현(사회적 애도, 1장 참조)에서 출발한다. 이번 장에서는 사별자 개인의 마음에서 초점을 옮겨 사회 전반, 하위 공동체에서 공유되는 죽음에 대한 태도와 관행을 살펴보겠다.

애도자 개인과 사회의 하위 집단 사이에는 **가족 단위가**
존재한다. 사별을 경험하는 것은 개인이 아니라 가족이라
는 말은, 사별 연구자와 애도 과정을 돕는 전문가들 사이에
자명한 사실로 통한다. 그러므로 유족 한 사람을 이해하고
돕기 위해서는 사별이 그 가족 전체(가족 단위)에 어떤 영향
을 미치는지를 파악해야 한다.

좀 더 일반적인 층위에서, 애도와 문화는 밀접한 관계가
있다. 인간이 만든 환경인 문화는 언어와 (종교 등의) 신념
체계, 사회적 관행과 유형, 사회 규범 등을 포함한다. 문화
마다 현실에 대한 생각이 다르고, 죽음의 의미와 정의, 설
명도 다르다. 각 문화의 고유한 세계관을 바탕으로 적절한
애도 방법에 대한 규범이 형성된다.

모든 문화와 하위문화는 죽음을 심리적, 현실적, 사회적
측면에서 다뤄야 한다. 이번 장에서는 가장 널리 행해지는
다양한 애도의 의식들을 집중적으로 살펴볼 것이다. 하지
만 이러한 장례 의식들을 이해하기 위해서는 먼저 죽음 자
체에 대한 일반적 태도를 이해해야 한다. 죽음에 대한 태도
는 애도의 사회적 맥락에서 중요한 부분이다.

서구 사회가 죽음을 대하는 태도

―――

19세기에는 사별의 슬픔을 몸의 상태가 아니라 영혼과 정신의 상태로 인식했다. 그렇기 때문에 이러한 슬픔을 **정상화**하거나 **치료**하는 것은 불가능하다고 여겼다.[1] 하지만 프로이트의 등장으로 모든 것이 바뀌었다. 프로이트는 정상적 사별 반응과 병적 사별 반응을 최초로 구분하였다(3장과 6장 참조).

의학의 시선에서 본 슬픔

린더만은 격심한 슬픔 반응acute grief의 증상을 최초로 정리하였다. 그는 격심한 슬픔 반응을 심리적, 신체(육체)적 증상을 동반하는 증후군으로 보았다(3장 참조). 린더만은 슬픔의 강도와 기간을 기준으로 정상적 슬픔을 겪는 사람과 병적(병리학적) 슬픔을 겪는 사람을 구분하고, 슬픔 **관리법**에 대해서는 임상 의학적 관점에서 따로 논의했다.[2]

한편에서는 사별의 슬픔을 신체적 질병으로 격하하여 병원균에 직접 비교하는 좀 더 극단적인 시각도 있었다.[3]

슬픔의 표준화

슬픔의 단계는 유아의 **발달에 비유해** 설명되었다. 사별의 슬픔은 아이가 겪는 발달 단계와 비슷하다.[4, 5] 발달 단계는 평균치 혹은 근사치를 의미하지만, 아이는 실제로 특정 나이가 되면 각 단계에 도달한다. 이 비유의 영향으로 사별의 슬픔을 (성인의) 정신에서 (자연스럽게) **전개**되는 과정으로 생각하게 되었다.

애도와 사회 구조

19세기 프랑스 사회학자 에밀 뒤르켐은 슬픔이 '전개'된다는 주장을 거부했다. 그는 슬픔이 사회적 과정에 의해 발생하고, 사회적 과정은 슬픔이 특정 방향성을 갖도록 유도한다고 주장했다.[6]

뒤르켐과 비슷한 입장을 취하던 다른 연구자들도 사회적 요인이 슬픔의 강도와 기간에 영향을 끼친다는 사실을 인정했다. 예를 들어, 아기의 죽음이나 사별 후 혼자 지내던 노인의 죽음은 경제 활동을 활발히 하던 성인이나 기혼자의 죽음보다는 파급력이 적다.[7] 이와 유사하게, 뒤르켐도 개인이나 집단이 느끼는 슬픔의 강도를 결정하는 것은 사회가 정한 공식이라고 주장했다. 이는 장례와 매장 의식에 관한 다른 인류학 연구와도 일맥상통한다. 벵골만의 안다만 제도 원주민을 대상으로 한 연구가 그 예이다. 이곳의 원주민들은 사회적 유대를 공적으로 선언하고 강조하는 문화를 가지고 있다. 다시 말해, 사회적 유대가 없다면 흐느껴 우는 일도 없다. 아직 사회적 성격을 얻지 못한 어린 아이가 사망하면 '애도를 적게' 하고, 부족의 일원이 아닌 낯선 사람이 죽거나 살해당하면 장례 의식 없이 묻거나 바다로 던진다.[8]

위의 연구들을 포함한 여러 인류학 연구 및 역사 연구들은 다음과 같은 사실을 보여 준다.

적어도 공적 발현의 층위에서 슬픔은 사회적 가변성을 지닌다. ……고인이 속한 사회의 위치는 애도를 표현하는 방식에 큰 영향을 끼친다. …… 슬픔의 모든 공적 표현은 사적 감정을 비추는 거울이다.[9]

죽음은 마지막 남은 금기인가?

영국의 인류학자 제프리 고러는 현대 애도의 대표적 특징을 예식의 부재라고 주장했다. 1960년대 영국에서 '[죽음]에 대한 가장 흔한 반응은······애도를 부정하는 것'이었다. 사별과 같이 힘든 경험을 예식에 따라 처리하지 않으면 개인은 심리적 문제를 겪게 될 것이다. 사회적으로는 죽음이 표면으로 재부상하여 공포 만화나 전쟁 영화, 재난에 집착하는 현상이 나타날 것이다. (고러는 이를 '죽음의 포르노화'라고 칭했다).[10]

제프리 고러와 프랑스의 역사가 필립 아리에스는 현대 사회에서 죽음이 금기시되고, 유독 서투르게 다뤄지고 있다고 주장한 대표적인 학자들이다.[11] 고러의 주장은 개인이 자신의 애도 경험에 대해 말하는 것조차 불가능한 시대에 어쩌다 미디어가 죽음에 집착하게 되었는지, 죽음이 어떻게 금기가 되었는지를 이해하는 데 도움이 된다. 죽음이 금기임에도 그가 면담한 사별자들은 자신의 사별에 대해 너무도 이야기하고 싶어 했다. (사실, 고러는 그들에게 사별 경험을 말할 수 있도록 '승인'하고 기회를 제공한 것이다.) 고러가 주장한 죽음의 금기 가설은 1950년대 이후 특히 미국에서 죽음 관련 연구들이 왜 그렇게 많이 쏟아졌는지를 잘 설명해 준다.

하지만 고러는 빅토리아 시대의 장례 예식을 낭만화했다는 비판을 받았다. 또한, 죽음을 부정하는 현대의 추세가 그가 주장한 20세기가 아니라 19세기 초부터 시작되었다는 것을 보여 주는 연구도 있다.[12]

고러와 마찬가지로, 아리에스도 죽음은 필연적으로 문제적 주제일 수밖에 없다고 주장했다. 섹스와 함께 죽음은 '자연'이 '문화'를 위협하는 주요 방식 중 하나이기 때문에 인류는 죽음을 다스려야만 한다. 전통적으로 사회는 종교와 예식을 통해 죽음을 다스릴 수 있었다. 하지만 지난 세기 동안 개인주의와 낭만주의, 세속주의가 예식을 쇠락의 길로 밀어 넣었고, 현대인은 벌거벗은 채 외설스러운 죽음 앞에 서게 되었다. 오늘날 우리는 사별을 참을 수 없는 비극으로 본 빅토리아 시대의 낭만주의와 죽음을 금기시하거나 숨기고 애도를 부정하는 20세기의 문화를 모두 상속받았다. 이는 현대 미국 사회에서 명백히 상충되는 두 가지 성향이 공존하는 상황을 잘 설명한다. 미국의 병원에서는 은연중에 죽음을 부정하고 애도를 표현하지 않지만, 장례식에서는 조문객이 고인의 시체를 보는 전통이 꾸준히 지켜지고 있다.[13]

죽음의 금기 가설에 대한 대안적 이론과 비평들도 제시되었다. 이러한 이론과 비평들은 죽음에 대한 태도와 관행이 변화하는 복잡한 역학을 이해하고자 했다.[14] 그중 한 이론('금기시된 죽음이 아니라 숨겨진 죽음')은 **인구 통계학적 구조**에 주목하였다.

과거에는 성인 사망자의 절대다수가 인생의 전성기에 죽음을 맞았다. 하지만 현대 사회에서는 대부분 노년에 죽음을 맞는다. 그 결과, 우리는 지난 세기보다 고인을 덜 그리워하게 되었고, 복잡한 통과 의례의 필요성이나 사후 세계에 대한 믿음이 약화되었다. 하지만 노년의 호상이 가장 흔한 죽음의 형태가 되자, 우리는 (어린아이와 사춘기 청소년, 노인이 아닌 배우자, 외상적인 죽음 등) 이례적인 죽음에는 더욱 취약해졌다. 사별 지원은 이러한 유형의 상실로 고통받으며 고립되어 있는 애도자에게 도움을 제공한다(5장과 6장 참조).

보편적 금기에 따르면, 죽음을 부정하는 것은 현대에 이

르러 새롭게 나타난 현상이 아니라, 태곳적부터 관찰되는 인간 본성이다. 죽음에 대한 공포를 억제하지 않으면, 사회 생활과 개인 생활은 모두 불가능할 것이다.[15]

세 번째 대안적 이론은 **개인과 사회**의 관계에 집중한다. 전통 사회에서는 정체성이 개인보다 집단에 기반을 두고 형성되기 때문에 죽음이 주는 위협이 선진화된 사회보다 경미하다. 동시에 전통 사회에서 죽음은 집단과 그 집단의 문화를 위협하므로 공동 장례 의식이 필요했다. 그러나 현대 사회는 그 반대이다. 정체성이 죽음의 위협을 받는 장본인인 개인에게 집중되어 있다. 그러므로 전통 사회에서 공동체 전체의 문화를 긍정하는 역할을 하던 집단적, 종교적 장례 예식은 폐기되었다. 현대의 개별 치료와 일대일 면담은 사별로 충격에 빠진 개인을 돕기 위한 것이다. 현대의 문화는 죽음을 잘 다루고 있지만, 개인은 그렇지 않다.

죽음의 전문화

노스요크셔의 작은 해안가 마을 스타이스에서 1900년에 죽음을 대하던 방식과 오늘날의 방식을 비교해 보면, 가장 중요한 변화는 아마 죽음과 임종 과정을 돕는 전문 기관이 등장했다는 사실일 것이다. 이로 인해 전통적으로 가족이 수행하던 기능 중 하나가 사라졌다. 가족과 마을 공동체가 함께 마을 주민의 장례식을 치르던 문화는 **전문화**라는 일반적 물결 속에 사라졌다.[16]

주민들 대부분은 이제 멀리서 죽음을 접하거나, 관료 조직을 닮은 대행사를 낀 상태로 죽음을 접하게 되었다. 예전에는 가족이나 공동체가 수행했던 업무와 직무를 이제는 장례 전문 기관이 수행한다. 이러한 기관들의 존재는 죽음과 관련된 실제적 업무가 전문 교육을 필요로 한다는 점을 시사한다. 이는 또한, 장례와 관련된 기술을 가족이 가지고 있다 해도 전문 기관에 비해 부족하다는 사실을 의미하기도 한다. 죽음의 전문화로 인해 우리가 죽음에 반응하는 태도 또한 엄청난 변화를 겪게 되었다. '장의사'는 이제 '장례 관리사'라고 불린다. 새로운 이름은 더욱 전문적인 기술과 책임을 내포한다.

과거에는 대부분의 사람들이 집에서 사망했지만, 현재 우리는 병원이나 노인 병동, 양로원에서 죽음을 맞이할 가능성이 높다. 이러한 시설에서 사망하면, 시체는 고인의 집이 아니라 장례 관리사가 있는 장례식장으로 즉시 옮겨진다. 전통 사회에서 시체를 염하고 입관을 준비하는 일은 마을 사람들이 담당했지만, 이제는 장례 관리사가 수행한다. 관을 만드는 일도 예전에는 마을의 목수가 담당했지만, 이제는 장례 관리사가 처리한다. 꽃과 화환 주문도 마찬가지이다.

죽음의 전문화와 죽는 장소의 변화는 현대 사회가 죽음을 어떻게 **숨기는지**를 보여 준다. 이는 죽음의 **위생화** 현상과도 밀접한 연관이 있다. 죽음의 '지저분한 현실'을 예전에는 가족과 공동체가 처리했지만, 이제는 전문가, 특히 병원 직원이나 장례 관리사들이 처리한다. 죽음의 상황과 기타 사항에 따라 다를 수 있겠지만, 요즘에는 가장 가까운 친족들도 시체를 실제로 보지 않는 것이 일반적이다. 우리는 그저 관 속에 누워 있는 이가 내가 사랑하는 사람일 것이라고 믿어야 한다. 이것이 가족의 책임과 의무였던 일을 '죽음 전문가'들에게 넘겨준 대가이다.

죽음과 가족

─────

앞에서 (서구 국가의 경우) 가족이 더 이상 죽음의 실제적 측면을 담당하지 않게 된 상황에 대해 논의하였다. 이제 죽음이 가족에게 미치는 사회 심리적 영향을 살펴보자.

> 죽음은 가족의 일이다. 죽음은 언제나 기존 관계와 가족
> 역학의 맥락에서 발생한다. 애도를 보통 개인적 경험이
> 라고 생각하지만, 사실 애도는 개인의 내적 층위와 대인
> 관계적 층위에서 동시에 발생한다.[17]

개인적 애도는 언제나 사회적 맥락 내에서 발생하고 복잡한 관계망 속에 존재한다. 대부분의 사회에서 가장 친밀한 관계와 유대감은 가족 체계 내에서 찾을 수 있다. 이는 서구 문화권의 전형적인 핵가족이든, 비서구권 문화에서 흔한 대가족이든 상관없이 적용되는 사실이다. 하지만 핵가족과 대가족으로 구분 짓는 것 자체가, 우리가 문제를 지나치게 단순화하고 있음을 명시한다.

서구 가족의 복잡한 형태

과거 서구 국가에서는 부부와 (2.5명의) 자녀로 구성된 가족이 일반적 가족의 형태였다. 하지만 기술의 발전, 사회적 태도와 행동의 변화로 현재는 이러한 전통적 가족의 수가 과반을 넘지 않을 수도 있다.

복잡한 서구 가족 형태의 양극단에는 **편부모** 가정과 **혼합 가정**이 있다. 혼합 가정은 이혼을 했거나 예전 배우자 사이에서 태어난 자녀가 있는 부부가 각자의 자녀를 한 가정에서 키우는 가족 형태를 의미한다. 부모가 같은 형제와 이복 (의붓) 형제자매가 모두 한 지붕 아래 살게 된다.

입양은 지난 수 세대 동안 시행된 제도이다. 반면, **의학적 도움을 받아 자녀를 얻는 것**은 상대적으로 최근의 현상이다. **시험관 체외 수정, 대리모, 기증 정자를 이용한 인공 수정** 등 매우 다양한 방법이 동원되고 있다. 서구 사회에서 1970년대부터 기증받은 정자를 이용한 인공 수정과 대리모의 도움을 받아 자녀를 얻는 이들은 대부분 레즈비언 커플이었다. 그러나 최근에는 이 방법을 이용하는 게이 커플의 수가 증가하고 있다. (또한, 게이 커플의 입양도 증가세를 보인다.)

가족 체계 이론

가족 체계 이론family systems theory, FST에 따르면, 가족은 개별 구성원이 하나로 모인 집합 이상의 독특한 독립체이다. 개인의 행동은 개인이 속한 사회 집단의 맥락에서 볼 때 비로소 이해할 수 있다. 애도의 경험은 개별 구성원에게는 개인적 사건이지만, 가족에게는 **전체 체계**의 사건이다.

사별이 가족 체계에 어떤 영향을 미치는지 이해하기 위해서는 개별 가족 구성원, 가족 간의 관계, 고인과 각 구성원의 관계, 가족 구성원들이 가족이라는 틀 바깥의 사람들이나 체계와 어떤 관계를 맺고 상호 작용을 하는지를 모두 고려해야 한다. 가족 체계는 부부, 형제자매, 부모와 자녀 관계 같은 **하위 체계**로 구성되어 있다. 가족 구성원의 죽음은 가족 체계 전체뿐 아니라 고인이 속했던 하위 체계에도 엄청난 영향을 준다.

죽음은 보통 가족 체계의 균형 상태에 변화를 초래한다. 이로 인해 가족의 기능이 저하되고, 가용할 수 있는 감정 자원 및 물리 자원도 영향을 받는다. 예를 들어, 배우자의 죽음은 (생존 배우자와 자녀 사이의 관계와 같은) 확장된 친족 관계에 변화를 초래한다. 아이의 죽음은 (부부 사이의 관계 등) 미래에 대한 인식을 변화시키고, 부모 혹은 가장의 죽음은 가족 전체의 안정감을 위협할 수 있다(5장 참조).

시기의 중요성

가족의 인생 주기에서 사별이 발생한 시기가 가족의 적응에 결정적 요인이 될 수 있다. 아동, 청소년, 비非노년기 성인의 사망처럼 때 이른 죽음은 (죽음의 성격과 상관없이) 가족에게 특히 힘든 일일 수 있다.

상실은 또한 삶의 중요한 사건들과 동시에 발생해 특히 힘든 시련을 안기기도 한다. 예를 들면 첫아이의 출산을 앞두고 (경찰인 아이의 아빠가 근무 중 살해되는 등의 불의의 사고로) 배우자가 목숨을 잃을 수 있다. 정리 해고나 실직 등으로 가족이 금전적 어려움을 겪는 상황에서 가족 구성원이 사망할 수도 있다. 복합적인 스트레스 요인, 발달 과정에서 겪는 어려움, 사별과 관련된 상실은 과도한 부담으로 작용해 가족이 사별에 대처하는 능력 자체를 저해할 수 있다.

유가족의 건강한 극복 과정

사별 이후 가족이 취하는 주요 대처법은 상실을 공유하고, 개방적으로 의사소통하며, 가족의 균형을 재조정하고 회복하는 것이다. 또한 사용 가능한 지원 체계와 외부 자원을 효과적으로 이용한다.

장례식과 추도식, 기타 예식들은 온 가족이 모여 사랑하는 이의 상실을 인정하고 공유할 수 있는, 의미 있는 기회를 제공한다(이와 관련해 다음 부분 참조). 사별 전후에 유가족은 서로 속 깊은 감정을 나누고 유대를 강화해야 한다. 이 과정에서 표출되는 다양한 범주의 감정을 모두 수용하고 지지해 주어야 한다. 이는 상실의 **의미**를 창조하고 공유하는 상징적 과정이고, 그 속에서 가족 구성원들은 서로 영향을 주고받는다(**상호 교류적**). 자살과 같은 특정 유형의 상실을 겪으면, 유가족은 남들과는 공유하기 어려운 분노와 수치심을 느낄 수 있다. 열린 소통이 부재할 경우 가족 내 비난과 죄책감, 대립의 가능성이 높아진다(6장 참조).

1장에서 언급했듯, 특히 예상치 못한 갑작스러운 죽음은 필연적으로 여러 **이차적 상실**(이사, 직업의 변화, 혹은 구직 활동 등)을 초래한다. 앞의 예시는 사별 이후 나이에 따른 역할과 책임의 재분배를 나타낸다.

마지막으로, 고인의 직계 유가족은 친인척과 친구의 도움, 종교 기관, 공동체, 정신 건강 상담, 또는 정식 사별 지원 기관—공감하는 친구들Compassionate Friends(미국과 영국에서 이용 가능)과 크루즈 사별 센터(영국에서 이용 가능)—에 연락하여 도움을 받을 수 있다. 교회와 회교 사원, 유대교 회당과 다른 종교 기관들은 유서 깊은 장례 의식을 제공하고, 유가족을 위로하며, 같은 신앙을 가진 교인들과 교류할 수 있도록 돕는다.

긍정적 결과와 부정적 결과

애도가 발현되는 모습과 기간은 가족 구성원마다 매우 다르게 나타날 수 있다(애도의 불일치성).[18] 이러한 불일치성을 가장 잘 보여 주는 예는 아이를 잃은 부부이다. 부부는 각자의 슬픔에 빠져 서로의 마음에 닿지 못하거나 다른 생존 자녀에게 감정적 지원을 제공하지 못할 수도 있다. 이때, 생존 자녀가 부모의 역할을 대신 맡아 다른 가족들을 챙기려 노력하기도 한다. 하지만 이러한 노력은 정작 자녀 자신의 발달을 위태롭게 할 수 있다(6장 참조).[19]

상실 이후 고통을 피할 수 없음에도 불구하고, 상실이 긍정적 결과를 가져올 수도 있다는 증거가 존재한다. 예를 들어, 자녀를 잃은 부모는 더욱 섬세하고 영적인 사람이 되거나, 스스로 더욱 강하고 성숙한 사람이 되었다고 느낄 수 있다. 돈과 일보다 가족을 우선시하게 되기도 한다. 이는 모두 고통 속에서 발견하는 삶의 **의미**이다. 가족이 공동의 상실을 함께 겪을 때, 친밀감과 연대가 새로워지고 서로의 강점을 더욱 잘 이해하는 계기가 될 수 있다(7장 참조).

장례식, 그리고 죽음과 관련된 다른 예식들

모든 문화에는 고인의 죽음을 기념하고, 고인의 삶을 기리며, 유가족을 감정적으로 지원하고 이후의 삶을 잘 살 수 있도록 돕는 예식이 존재한다. 공식적이든 비공식적이든, 이러한 예식은 모두 감정적 치유와 가족의 단합을 촉진하므로 치료 효과를 낼 수 있다. 장례식과 관련 예식은 유가족이 상실의 현실을 받아들이도록 돕고, 신의와 믿음, 인생의 철학을 긍정하는 기회를 제공할 수 있다. 또한 감정을 표현하고 가족과 친구, 공동체 전체로부터 감정적 지지를 받을 수 있는 상황을 제공한다.[20] 예식이나 의식은 감정과 생각을 **상징적으로 표현**하는 구체적인 행동이나 활동이라고 정의할 수 있다. 사별 후 몇 달 또는 수년 동안 나타나는 행동이 의식이 될 수도 있다. 예를 들어, 고인의 물건을 보거나, 결혼반지를 빼는 행동도 하나의 의식이 될 수 있다. 아무도 보지 않을 때 사적으로 이러한 행동을 한다 해도 여기에는 중요한 상징적 의미가 있다. 이러한 의식들은 고인을 회상할 상황을 만들어 준다. 의식을 사적으로 혼자 할 수도 있지만, 다른 사람과 함께 하면 유가족이 누릴 수 있는 중요한 사회적 지원을 받는 계기가 되기도 한다.[21]

장례식과 애도 작업

장례식 전에 가족과 친지가 '존경심을 표현'하고 '작별 인사'를 하기 위해 시체를 보는 것은 영국보다는 미국에서 더욱 일반적인 관행이다. 이러한 관행에 드는 비용과 관련해 일부 미국인들은 장례 관리사들이 유가족을 착취하고 있다고 비난한다. 이와는 다른 얘기지만, 시신을 '산 사람'처

럼 꾸미는 것이 무의미하고, 죽은 사람이 자고 있다는 환상을 부추긴다는 지적도 있다.[22]

육체적 죽음과 사회적 죽음은 동시에 발생하지 않는다. '애도는 깨달음의 과정, 즉 고인을 잃었다는 사실을 실감하는 과정이다. 그러므로 시간이 필요하다.'[23] 사별 초기에 현실 검증(내담자에게 실제 현실이 그들의 상상 속 현실과 반드시 동일하지는 않다는 사실을 깨닫게 해 주는 상담 기법—옮긴이 주)을 **강요**하면 문제를 초래할 수 있다. 특히, 갑작스럽거나 (정신적 외상을 일으킬 정도의) 충격적인 죽음일 경우는 더욱 그러하다. 공황 장애, 감정 차단, 외상 후 스트레스 장애PTSD 환자들과 비슷하게 충격적 사건을 머릿속에서 반복적으로 경험하는 등의 문제를 겪을 수 있다. 반면, 고인이 고통스럽게 죽는 장면이나 훼손된 시체와 같이 충격적인 장면을 본 경우, 장례식의 긍정적 기억이 충격을 어느 정도 완화시킬 수 있다.[24]

런던 연구(1장 참조)에 참여했던 젊은 여성 배우자 사별자 다수가 사별 후 일주일 이내에 장례식을 치르는 것은 긍정적인 심리적 효과를 기대하기에는 (또는 성공적 **통과 의례**의 역할을 하기에는) 너무 이른 시기인 것 같다고 응답했다.

하지만 장례식 덕분에 배우자를 잃은 사별자 곁에 가족과 친지가 모이게 되었고, 참가자의 절반 이상이 장례식에서 받은 위로를 긍정적 경험이었다고 말했다.

> [장례식의] 주요 목적은 애도 작업을 돕는 것이다. 애도의 첫 단계는 수용, 즉 현실 직면이다. 사람들은 죽음의 현실을 자각해야 한다. 머리로 아는 데서 그치지 말고 가슴으로도 받아들여야 한다.[25]

매장과 화장

장례식은 고인보다는 남겨진 이들을 위한 것이다. 하지만 화장과 매장 여부는 고인의 생전 의사를 반영한다. 런던 연구 참가자 중 일부는 화장터를 방문하고 남편의 이름을 『기억의 책』에 등재한 후, 추도식에 지속적으로 참석했지만, 배우자를 묘지에 묻은 참가자들보다 남편을 가깝게 느끼지 못했다. 이는 다수의 사별자들이 언급한 화장의 단점이다. (물론, 일부 지역, 특히 인도 아대륙에서는 화장이 일반적인 방식이다.)

고인은 어디로 '가는' 것일까?

전통적으로 모든 주요 종교에서 가장 중요한 것은 **영혼의 종착지**이다.[26] 대부분의 장례식과 유사 의식들은 고인이 있는 장소를 암시하며 끝난다. 사람들은 무덤이나 사당 등 고인이 있는 곳에 찾아가 고인과 대화하고 미흡하지만 고인을 돌본다. 이 장소는 사랑하는 이의 물리적 부재를 채우기에는 부족하지만, 종종 위안을 주고 이별의 고통을 경감시키는 것으로 나타났다.

고인이 있는 물리적이고 눈에 보이는 장소가 있다는 느낌 때문에 사람들은 화장보다 매장을 선호한다. 화장터에 고인의 재를 묻은 후, 그곳을 방문할 수도 있겠지만, 많은 사별자들이 무덤을 방문하는 것이 훨씬 낫다고 응답했다. 무덤은 한때나마 온전한 고인의 시신을 품었던 장소이고, 사별자가 무덤을 관리하며 고인을 돌보고 있다는 느낌을 가질 수 있다. 또한 무덤가에 꽃이나 선물, 헌정물을 두는 것이 납골당에 두는 것보다 훨씬 쉽다. 유대교에는 매장 후 열두 달이 지나야 묘비를 세우는 관행이 있다. 이는 주요 **통과 의례**인 애도의 공식적 종결을 의미한다.

좋은 장례식의 요소

2000년대 초반부터 장례식의 종류가 증가하여 선택의 폭이 넓어졌다. 학계와 대중문화에서 일반적으로 합의된 바에 따르면, 근대 후기 서구 사회의 장례식에는 사회 전체의 개인주의화와 세속화, 소비자 선택권의 신장, 개인의 서사가 반영되어 있다. [27]

전통 장례식과 근대 이후 장례식의 주요 특징[28]

전통적 장례식에서는 고인의 업적을 기리고, 상징적으로 고인의 죽음을 알리며, 삶과 죽음에 대한 존재론적 틀 안에서 고인의 삶을 기억한다.

반면, (종종 "DIY 장례식"이라고 불리는) **근대 이후의 장례식**은 사별자들의 개인적 필요를 충족시키고 고인이 살았던 삶 자체를 기념하는 개인적 성격이 매우 강하다.

1980년대에 종교적 장례식의 인간미 없는 진행 방식, 즉 다수의 장례식 참석자들에게 의미 없는 기독교식 예배 형식의 장례식에 대한 반발이 나타났다. 하지만 이후에 흔한 관행이 된 'DIY' 축하연 형식의 장례식 역시 비판에서 자유롭지 못했다. 먼저, 전통 의식이 폐기되며 애도자가 슬픔을 표현하거나 이를 관리할 방도가 사라졌다. 둘째, 현대적 예식은 영적 요소가 결여되어 있어 다양한 문화 배경을 가진 참석자들의 영적 필요를 무시한다는 비판을 받았다.

장례식의 본질과 관련해 여러 변화들이 나타난 시기에 현대 사회의 종교와 영성에 관한 논쟁도 증가했다. '인본주의적 영성'이라는 개념은, 이전 세대에서 전해진 전통적 신앙 체계보다는 개인의 표현과 삶의 강화, 개인적 의미를 더욱 중시한다. 이 모든 것은 어떠한 외부의 힘, 즉 신성한 존재에 대한 믿음을 포함할 수 있고 그렇지 않을 수도 있다.[29] 역설적이게도, 겉으로 보기에는 세속적인 이러한 추세가 오늘날 종교성과 영성의 새로운 형태일 수도 있다.

최근 연구에 따르면, 오늘날의 장례식은 **심리적, 사회적, 영적** 예식이다.[30] 합리적인 사람들에게 장례식은 비논리적인 행위일 뿐이지만 모든 사회에서 장례식은 놀라울 만큼 잘 보존된 상태로 시행되고 있다. 장례식은 **물리적 절차**(시신의 처리)가 **사회적 예식 과정**(장례식) 안에 압축되어 있는 것이며, 삶과 죽음의 관계를 지켜보고 있는 개인에게 **철학적**

반응을 요구한다. 장례식은 '인간이란 무엇인가?'에 대해 질문하게 만든다. 오늘날과 같은 존재론적 위기의 시대에 사람들이 **의미**를 찾는 것을 돕기 위해 설계된 것이 장례식이다. 이는 현대 장례식에 **영적 요소**를 제공한다. 의미를 찾고 창조하며, 이해하는 이런 **과정**이 개인화된 장례식의 핵심이다. 이것이 바로 '좋은 장례식'의 요소이다.[31]

인정받지 못한 비애

———

1장에서도 언급했듯, **인정받지 못한 비애**disenfranchised grief, DG는 타인과 사회의 기준이 개인의 사별 반응에 끼치는 영향력을 보여 주는 중요한 현상이다. 인정받지 못한 비애의 본질은 다른 사람들이 특정 사별자가 슬퍼하는 것조차 **허락하지 않는다**는 의미이다. 슬퍼할 권리를 박탈당하는 것이다. 슬퍼할 권리는 인간 존엄의 문제이자 기본 인권의 문제이다.[32]

권리를 인정받지 못하는 슬픔의 범위

슬퍼할 권리는 크게 다섯 가지 방식으로 박탈당한다.[33] 고인과의 **관계**가 인정되지 않거나, **상실** 자체가 인정되지 않는 경우, **애도자**가 슬퍼할 능력이 없다고 간주되거나, 고인이 **죽게 된 경위** 및 **애도 방식** 때문에 애도할 권리를 인정받지 못하기도 한다.

사별자와 고인의 **관계**가 사회의 인정을 받지 못하는 경우는 다음과 같다. (동성 관계나 혼외 관계와 같이) 전통적인 관계가 아닌 경우, (배우자나 부모, 형제자매와 같은 직계 가족이 아니기 때문에) 가까운 관계가 아니라고 생각되는 경우, 고인과의 친밀한 관계가 남들이 예상하지 못했거나 비밀로 부쳐졌던 경우, (친구, 인척, 동료, 전 배우자와 같이) 인정받지 못할 사이는 아니지만 주변에서 관계의 깊이를 충분히 인정하지 않는 경우 등이다. 서구권 국가에서 동성애 혐오 문화는 아직도 만연하지만, 2004년 영국에서 (동성 커플을 위한) 시민 동반자 관계civil partnership 제도를 도입하고, 2014년에 동성 커플의 정식 혼인 지위를 인정한 것은 동성 파트너와 배우자의 애도를 정당한 것으로 '재분류'하는 데 크게 기여했다. 이를 통해 개인의 애도에 미치는 사회의 영향력이 매우 역동적으로 변함을 알 수 있다. 슬픔의 사회적 맥락은 끊임없이 변화한다.

상실 자체가 인정받지 못하는 경우도 있다. 임신 중절(낙태), 유산(5장 참조), 신체 부위 상실(절단), 애완동물이나 반려동물의 죽음, 알츠하이머 환자의 심리적, 사회적 죽음, 죄수의 죽음, 패전국 병사의 죽음과 같이 특정 죽음은 중요한 상실의 경험이라고 인정되지 않는다.

특정 유형의 **애도자**가 인정받지 못할 수도 있다. (어린아이, 고령의 노인, 학습 장애자 등) 특정 유형의 사람들은 슬퍼할 **능력이 결여**되어 있다는 오해를 받는다.

죽음의 정황이 주변의 도움을 구하고 받는 것을 방해하고 애도를 인정받지 못하게 할 수 있다. (예를 들어, 고인이 자살, 에이즈 및 기타 낙인 찍힌 질병, 알코올 의존증이나 기타 약물 과용으로 사망한 경우이다.)

개인이 슬퍼하는 방식이 인정받지 못할 수도 있다. 슬픔을 경험하고 표현하는 방식이 다른 사람과 충돌하는 경우가 이에 해당한다. (예를 들어, **도구적** 애도자는 강한 애정 표현을 하지 않지만, **직관적** 애도자들은 감정을 과하게 표출한다. 또한, 문화적으로 몸에 밴 절제나 통곡이 특정 사회의 애도 '법칙'에 위배될 수도 있다. 관련된 자세한 내용은 1장을 참조한다.)

죽음과 임종의 문화적 측면

죽음과 애도의 문화적 측면은 인류학자들이 오랫동안 연구해 온 주제이다. 삶에서 죽음으로 건너가는 과정을 쉽게 받아들이도록 도와주는 특정 공동체의 의식과 믿음들은 그 공동체 전체의 믿음 체계와 관행을 이해할 수 있는 단초를 제공한다. 일상생활에서 문화는 우리 주변 어디에나 존재하고, 우리 머릿속에 존재하는 가정적 세계의 주요 뼈대가 된다. 바로 이러한 이유 때문에 대부분의 사람들은 오히려 일상에서 문화를 보지 못한다(3장 참조). 문화는 우리가 숨쉬는 공기와 발을 딛고 있는 땅만큼이나 '자연스럽고 평범한' 것이다.[34]

(라틴어로 '경작하다'는 어원을 가진) **문화**라는 단어는 많은 함의를 지니지만, 사별과 애도의 맥락에서는 한 민족과 특정 집단의 사람들이 세상을 이해하는 방식을 의미한다. 문

화는 사람들이 자신의 경험을 표현하는 기본 틀을 제공하기 때문에 행동의 기초가 된다.[35]

상실과 애도의 문화적 정의

여러 문화에서 대부분의 사람들이 가까운 이의 상실을 애도하는 것으로 보인다. 이제 인류학자들이 발견한 세 가지 주요 사별 반응과 애도 반응을 살펴보자.

육신의 죽음을 초월하여 지속되는 관계

죽음 후에도 지속되는 고인과의 관계에 대해서는 긍정적 평가와 부정적 평가가 있을 수 있다. 하지만 고인의 존재감을 느끼는 것은 사회적으로 용인된 적절한 행동이다. 이를 가장 잘 보여 주는 국가는 일본이다. 일본의 불교와 신도교에는 조상을 향한 경외심이 깊이 자리 잡고 있다. 조상은 신성한 존재를 나타낼 때 사용하는 단어로 불리고, 조상의 영혼은 소환될 수 있다고 믿는다.

일본의 애도 의식은 고인과의 관계 지속을 돕기 위해 만들어졌다. 가정에서는 고인의 사진과 유골함, 꽃, 물, 쌀, 기타 제물로 제단을 만들어 거실에 둔다. 남편을 잃은 과부가 첫 번째로 이행해야 할 의무도 바로 남편을 위한 제단을 만드는 것이다. 과부는 하루에 한 번 이상 향을 피우고, 남편의 의견을 묻고, 자신의 긍정적 감정과 부정적 감정 모두를 남편과 공유한다. 고인과의 관계는 죽은 남편이 산 사람에서 숭배할 조상으로 변화되는 과정을 통해 지속된다.

죽음에 책임이 있는 이에게 느끼는 분노

많은 비서구권 공동체에서 대부분의 죽음은 **때 이른** 죽음으로 간주된다. (즉, 어린이와 청소년, 성인의 경우, 너무 이른 나이에 죽었다고 생각한다.) 고인이 세상을 빨리 떠났다고 느낄수록, 누군가를 비난할 가능성이 높다.

대부분의 문화에서 비난의 대상은 보통 마을이나 부족의 구성원, 자기 자신, 혹은 고인이다. 일부 사회에서는 (고인에게 욕을 하거나 때리는 방식으로) 분노를 적극적으로 표현하는 것이 장례식 식순에 포함되어 있다. 하지만 어떤 문화권에서는 분노를 표현하지 못하도록 한다. 또 어떤 문화에서는 자기 자신에게 화를 내는 것을 허용할 뿐 아니라 그렇게 하라고 정해 놓기도 한다. 예를 들어, 모로코의 유대인 사회에서 과부는 피가 날 때까지 자신의 살을 손톱으로 뜯는다.

애도를 끝내야 할 시간이 존재한다

많은 사회가 과부가 재혼하거나 정상적인 결혼 생활을 재개하는 데 도움을 주는 관습을 가지고 있다. 이러한 관습에는 고인의 이름을 금기시하고 죽은 남편의 물건을 부수거나 버리고, 이사를 가는 것 등이 있다. 이러한 관습은 '공식적으로는' 귀신이나 오염에 대한 두려움 때문에 존재한다고 하지만, 실제 목적은 과부가 혼자된 생활을 청산하고 새로운 결혼 생활에 잘 적응할 수 있게 독려하는 것이다.[36]

내적 슬픔과 사회적 애도는 정말 다를까?

사별에 대한 위의 세 가지 반응은 다양한 문화권에서 공통적으로 관찰되는 반응이다. 하지만 각 문화가 죽음을 정의하고 슬픔을 표현하는 방식에는 중요한 차이가 존재한다. 인간은 자신의 문화적 맥락 밖에서는 세상을 경험할 수 없는 존재이다.[37] 이는 내적이고 주관적인 슬픔과 사회적 표현으로서의 애도를 구분하는 것 자체가 잘못임을 암시한다(1장 참조).

슬픔은 표현되는 순간, 애도가 된다. 우리는 죽음을 문화적 맥락 내에서만 경험하고, 문화적 지침과 기대 속에서만 슬픔을 느끼고 표현할 수 있다.[38]

이와 비슷하게, 사별에서 문화가 차지하는 부분은 매우 결정적이기 때문에 개인이 느끼는 슬픔과 문화적으로 요구되는 애도를 구분하는 것이 불가능하다. 예를 들어, '슬퍼하지 말라. 고인은 더 좋은 곳에 갔다'는 믿음을 가진 문화에서 억제되어 있는 슬픔을 정확히 파악하기 어렵다. 이 경우, 슬픔을 억제하라고 요구하는 문화적 규범이 끝나고 실제 슬픔이 시작되는 지점이 어디인지 어떻게 구분할 것인가? 또한 '통곡하라'는 규범을 가진 사회에서 사별자의 울음이 진짜인지, 아니면 그저 문화적 명령에 따라 울고 있는 것인지 어떻게 구분할 수 있을까? 이는 사별로 인한 내적 슬픔과 사회적 애도를 구분하는 것이 서구 문화에서만 볼 수 있는 특이한 현상임을 시사한다.

그 외에 문화가 애도에 본질적 영향을 끼치는 경우는 문화가 슬픔을 감시하는 역할을 할 때와 애도를 다루는 방식에 영향을 끼칠 때이다.[39]

문화가 슬픔을 통제한다

사별 상담자에게 잘 알려진 '옳은 애도 방법은 없다'는 말은 오해의 소지가 있다. 사실, 모든 문화는 구성원의 애도를 교묘히, 혹은 공개적으로, 아니면 은밀하거나 혹은 노골적으로 규제한다. **개별 애도 서사**(죽음에 대한 사별자의 설명이나 이야기)는 **지배적 애도 서사**의 영향 아래 있다.[40] 사회는 사별자가 어떻게 생각하고 느끼고 행동해야 할지를 통제하고 명령한다. 사회적 기대에 부응하지 않는 사람들에게 '비정상적'이라는 꼬리표를 붙인다.[41] 현대 정신 의학은 비정상적인 슬픔을 **복합 비애**라고 부른다. 이는 일부 사별 상담자들이 불편하게 느꼈던 '병적' 슬픔을 대체하는 용어이다(6장 참조).

애도 감정의 통제

문화마다 수용되는 감정의 종류와 공개적 표현의 정도는 다르다. 성별과 관련하여 이러한 차이가 가장 명확하다. 예를 들어, 문화 인류학 연구에 따르면 여성이 남성보다 더욱 많이 울고 자해할 가능성도 높다. 반면, 남성은 자신이 아니라 타인에게 분노와 공격성을 보이는 경향이 강하다. 이는 **직관적**(여성) 애도와 **도구적**(남성) 애도의 구분과도 일치한다(1장 참조).

국민성이 애도에 영향을 끼칠 수 있음을 보여 준 중요한 예시는 다이애나 왕세자비의 사망 사건 이후 영국 국민이 보인 격한 애도 반응이었다. 왕족들은 왕세자비의 관을 따르며 복잡한 심경을 전혀 드러내지 않았지만, 영국 국민들은 자신의 '마음속 여왕'의 죽음에 통곡하고 서로를 끌어안으며 공개적으로 슬픈 감정을 표현했다. 이는 매우 '영국답지 않은' 장면으로 영국인은 '표현에 인색하다'는 고정 관념을 완전히 깨트렸다.

지속적인 유대의 통제

앞서 살펴보았듯이 일본의 과부는 죽은 남편과의 관계를 제단을 통해 유지한다. 망자는 쉽게 이승에서 저승으로 이동한다. 즉, 망자는 '이곳'에도 있고 '저곳'에도 있다.

1차 세계 대전 동안 수많은 군인이 목숨을 잃었고, 이로 인해 산 자와 죽은 자의 감정적 애착이 유지되어야 한다는 빅토리아 시대의 이상에도 문제가 생겼다. 전쟁이 끝날 즈음 애도는 사적이고 개인적인 일로 변모했고 이를 돕던 사회적 관습도 거의 사라졌다. 이 당시부터 고인에 대한 무익한 애착을 버리지 못하는 것을 병적 슬픔이라고 정의하게 되었다. 프로이트의 '애도 작업' 이론은 1차 세계 대전이 초래한 대량 살상의 영향을 많이 받았다. 하지만 (1990년대 중반부터) 다시 고인과의 유대감을 지속하는 것이 중요하다고 강조되기 시작했다(3장 참조).

애도를 다루는 방법에 문화가 끼치는 영향

이중 과정 모형DPM은 상실 지향과 회복 지향 사이의 균형을 중시한다. 이와 관련하여 최근 중국에서 **회복** 지향 애도가 과하게 강조되는 경향이 관찰되었다. 2008년 사천성 지진으로 배우자를 잃은 수만 명의 중국인이 얼마 지나지 않아 재혼을 했다. 또한 외동인 자녀를 잃은 많은 중년 엄마들이 다시 아기를 갖기 위해 비교적 빨리 시험관 시술을 받았다.

　미국의 사별자들에 비해 중국의 사별자들은 처음 몇 달 동안 더욱 격심한 고통을 겪지만, 회복은 빠른 것으로 나타났다. 이러한 비교적 '효율적인' 애도 방식은 아마 **실용성**을 중시하는 중국의 문화와 연관이 있을 것이다. 또한 산 사람은 살아야 한다는 문화와 정해진 기간 이후에는 공개적으로 슬픔을 표현하는 것을 제한하는 제사 의식과도 연관이 있을 것이다.[42]

하위문화 및 민족 간 차이

미국과 영국 같은 나라는 다문화 국가이다. 이는 누군가와 그의 가족에게 '정상'인 것이 다른 사람들에게도 정상일 것이라고 가정할 수 없다는 의미이다. 하지만 죽음과 애도의 영역에서 신앙과 관행적 차이를 대수롭지 않게 여기는 경향이 있다. 이로 인해 불관용이 초래될 수 있고, 특정 민족의 일원에게 감정적 지원을 제공할 필요가 있다는 사실을 놓치거나, 잘못된 방식으로 도움을 제공하는 실수를 범하게 될 수 있다. 예를 들어, 와스프(앵글로 색슨계 개신교) 미국인과 영국인은 감정적 고통을 '심리화'하는 경향이 있지만, 다른 민족 사람들은 감정적 고통을 '육체화'하는 경향이 있다(1장 참조).[43] 그 결과, 와스프 집단에 속하는 사람들은 자신들과 비슷하지 않은 방식으로 슬픔을 겪는 사람들을 돕기 힘들다고 느낄 것이다.

앞에서 논의한 세 가지 주제(슬픔을 통제하는 문화, 애도를 다루는 방식에 영향을 주는 문화, 하위문화적 차이와 민족적 차이)는 실제적 함의를 갖는다. 예를 들어, 이중 과정 모형이 권고하는 상실 지향과 회복 지향 간의 균형은 모든 문화와 하위문화(또는 민족) 집단에서 동등한 정도로 적절하지는 않을 것이다. 또한 사별자는 사랑하는 이를 잃었다는 일차적 상실뿐 아니라, **이차적 스트레스**를 감당하는 데 도움을 필요로 할 수도 있다. 이차적 스트레스는 종종 사별자의 애도 방법에 대한 주변의 평가 때문에 발생하기도 한다. 슬픔에 관한 이론과 사별자를 돕는 기법은 사별의 다른 측면만큼이나 문화적이다.[44]

05
고인과의 관계, 그리고 애도

애도의 경험과 표현은 사회 문화적 영향을 받지만, 동일한 사회 문화 내에서도 사랑하는 이를 상실했을 때 나타나는 개개인의 반응은 각양각색이다. 고인이 나에게 어떤 존재였는지가 애도 반응의 성격과 강도를 결정한다.

이번 장에서 다루는 '고인과의 관계'는 **친족 관계**, 즉 고인이 유전적, 혹은 법적으로 사별자와 **어떤** 관계였는지를 의미한다(배우자, 자녀, 부모, 형제자매). 3장에서 우리는 타인과의 관계가 안정적인지, 불안정한지 평가하기 위해 애착 이론에 대해 논의하고, 특히 아이가 부모에게 느끼는 애착과 배우자가 서로에게 느끼는 애착을 살펴보았다. 친족 관계와 안정적이고 강한 애착 관계는 모두 복합 비애가 나타날 수 있는 위험 요소이다(6장 참조).

남편과 아내, 파트너의 상실

영미권에서 사별 이후의 위험을 예측하는 연구 대부분은 배우자를 잃은 사별자를 대상으로 진행되었다. 이는 어찌 보면 '당연한 선택'이었다.

1장에서 언급했듯, 사별에 관한 초기 연구 상당수는 배우자를 잃은 여성을 대상으로 했다. (남성을 대상으로 한 경우도 종종 있긴 했다.) 또한 애도에 관한 주요 이론과 모형 중 가장 자주 인용되는 대표적 이론인 이중 과정 모형도 처음에는 여성 사별자의 애도 반응을 기반으로 만들어졌다.

사별 관련 연구가 이렇게 배우자 사별에 치우친 것은 배우자 사별의 빈도와 필연성을 일면 반영한다. (모든 사람에게 배우자 사별은 어찌 보면 '예정된 일'이다.) 특히 노년기 여성이 배우자의 죽음을 경험할 확률은 매우 높다. 보통 여성은 남편이나 남성 파트너보다 오래 살고, 연상의 상대와 결혼하는 경향이 있기 때문이다. 게다가 사별 후 남성의 재혼 가능성이 더욱 높다는 통계를 고려하면, 남성이 사별 후 혼자 지낼 가능성이 여성만큼 높다고 예상하기는 힘들다. 또한 남성에게는 연하 여성과의 결혼을 장려하는 문화적 분위기가 있어 남성은 사별 이후에도 자신보다 어린 여성과 재혼하는 경향이 있다. 하지만 나이 든 여성은 사별 후 다시 배우자를 만날 가능성이 남성만큼 높지 않다.[1]

배우자 사별과 혼자된 삶

일반적으로 배우자 사별은 인생의 거의 모든 영역에 영향을 주고 개인의 심리적, 사회적, 물리적, 실질적, 경제적 안정을 뒤흔든다.[2] (이는 사별, 특히 일차적 상실이 초래하는 결과이다. 1장과 3장 참조.)

　일반적으로 '배우자 사별'과 '혼자가 되었다'는 말은 일상 대화에서뿐만 아니라 연구진, 상담자들도 혼용하여 쓴다. 하지만 사별은 보통 배우자의 죽음을 경험하는 과정으로, 개인의 삶에 단기적 결과와 의미를 지닌다. 반면 혼자가 되었다는 말은 장기적이고 현재 진행 중인 상태로 개인적, 사회적 결과와 의미를 지닌다(4장 참조).

예를 들어, 수면과 식사에 단기적으로 어려움을 겪는 것은 사별 후 흔히 나타나는 증상이다(1장 참조). 이 증상을 장기적으로 겪는 경우는 드물다. 흔히 '정상적' 애도의 적절한 '구분점'이 되는 시점을 2년이라고 생각하는데(6장 참조), 사별 후 2년이 지난 이후에 위 증상이 나타나면 사별과는 무관하다고 판단한다. 혼자된 사별자는 정체성의 지속적 변화(내적 자아와 대인 관계가 밀접한 연관이 있음을 보여 줌), 친구 관계 및 사회적 지위의 변화와 같은 장기적 여파를 경험하게 된다. 특히 혼자된 여성은 친구 관계의 변화에 대해 많이 언급한다. 기혼 상태인 친구들과는 사이가 멀어지고 배우자 사별의 아픔을 겪은 다른 여성들과 새로운 우정을 쌓게 된다는 것이다. 또한 배우자와 사별한 남성들에 비해 자신들이 받는 공식적, 비공식적인 사회적 도움이 턱없이 부족하다고 평가한다. 남성도 아내를 잃고 사회관계가 좁아지는 경험을 하지만, 재혼이 이 문제를 해결해 주기도 한다.[3]

배우자 사별의 **일반적** 성격, 즉 흔히 관찰되는 예상 가능한 특징은 영국 최대 사별 지원 기관인 크루즈 사별 지원 센터의 역사를 살펴보면 알 수 있다.

크루즈 사별 지원 센터의 역사

크루즈 사별 지원 센터는 1959년 마거릿 토리의 집에서 시작되었다. 사회 복지사이자 퀘이커 교도인 마거릿 토리는 리치먼드 서리 지역의 여성 사별자들과 함께 작은 모임을 시작했다. 이 여성들은 사별 후 홀로 되었을 때 직면하게 되는 문제들과 필요한 것들, 그리고 사회가 사별을 대하는 태도에 관해 토론했다. 이 작은 모임은 이후 전국 지점과 위원회를 갖춘 내셔널 채리티National Charity의 시초가 되었다.

1970년 출간된 토리의 『비긴 어게인: 홀로 선 여성을 위하여Begin Again: A book for Women Alone』는 남편과 사별한 여성 (특히 젊은층과 중년), 사회 복지사, 유족들의 '바이블'이 되었다. 1972년 파크스의 『사별: 어른의 애도에 관한 연구 Bereavement: Studies of Grief in Adult Life』가 출간된 이후 사별에 대한 사회적 관심이 높아졌다. 1992년 파크스는 크루즈 사별 지원 센터의 초대 종신 회장으로 임명되고 1996년에는 사별자 지원 서비스 분야에 공헌한 것을 인정받아 대영 제국 훈장을 받았다.

크루즈 사별 지원 센터는 1974년부터 정부 지원금을 받기 시작했다. 이는 센터가 지역 사회사업과 예방 의학 분야에 큰 도움을 준 것으로 인정받았기 때문이다. 1980년 지원 대상을 확대하여 남성 사별자도 돕기로 결정하고, '크루즈: 전국 사별자와 자녀 지원회Cruise: The National Organization for the Widowed and their Children'로 이름을 바꾸었다. 1986년 모든 사별자를 도움의 대상으로 공식 지정하고 1987년 크루즈 사별 지원 센터로 개명했다.

배우자 사별은 정신과 치료 의뢰로 이어지는 빈도가 가장 높은 사별 유형이다.[4] 배우자의 죽음 이후 정신적 문제가 생겨날 수 있는 요인에 관한 연구에 따르면, 생전의 부부 사이가 애증 관계였거나 의존적 관계였을 경우, 배우자 사별 후 문제 반응을 보일 가능성이 높았다. 예를 들어, 파크스의 사랑과 상실 연구(1장 참조)에서 배우자 사별 후 정신과 치료를 받았던 사람들은, 배우자가 아닌 다른 상실로 정신과 치료를 받았던 사람들보다 연령이 높은 편이었고, 배우자 사망 후 혼자 사는 비율도 높다. 이 유형의 사별자들은 남성과 여성 모두 배우자와의 친밀도와 의존도가 눈에 띄게 높았다. 또한 공격 성향이 낮고 자기주장이 약하며 외로움을 많이 타는 성격이었다. 사별 후 다른 사람과 함께 살거나 친밀한 상대가 있어도 이들의 외로움은 경감되지 않았다. 이들은 모두 배우자와 수동적이고 상호 의존적인 방식으로 친밀한 관계를 형성했다. 고인이 된 배우자에 대한 애착은 배타적이어서 상실한 배우자를 대체하는 것을 스스로 용납하지 않았다.

일반적 배우자 사별과 이례적 배우자 사별

앞서 언급했듯, 노인에게 사별 후의 삶은 일반적 경험이고, 그 영향 또한 일반적으로 잘 알려져 있다. 일부 연구에 따르면, 사별 후 4년에서 8년까지 사별자의 심리적 건강이 악화되고, 우울 성향이 높아지며, 기운이 없고, 사회 활동 참여도도 낮아지는 것으로 나타났다. 하지만 다른 연구들에 따르면, 사별이 심리적으로 초래한 부정적 영향은 시간이 지나면 회복되었다.

신체적 건강과 관련해서는 결론이 단순하지 않다. 많은 연구자들이 사별로 인해 건강한 **행동**과 건강 **관리**에 문제가 생긴다고 말한다. 예를 들어, 여성 사별자는 제대로 먹지 않거나 수면 패턴이 엉망이 될 수 있고, 의사의 검진을 전보다 덜 받거나 더 자주 받을 수 있다. 이러한 변화는 부부 중 누가 건강을 관리하는 역할을 했는지(보통 아내가 하는 경우가 많음)에 따라서도 달라질 수 있다. 특히 남성은 배우자를 잃은 후 여러 원인으로 사망할 확률이 높았다. 그중에서도 사고사로 인한 사망이 특히 많았다. 또한, 상심으로 인해 사람이 죽을 수도 있다는 연구도 있다.

젊은 나이에 배우자를 잃는 것은 일반적이지 않은 **이례적** 사별로, 사별자의 신체와 정신 건강에 더욱 큰 영향을 줄 수 있다. 때 이른 사별이 파괴적인 이유는 일반적으로 젊은 사람들이 노인에 비해 감정적이나 현실적으로 배우자의 죽음에 대처할 준비가 되어 있지 않기 때문이다. 배우자가 갑작스럽고 예상치 못하게 세상을 떠난 경우, 증상은 더욱 심각하고 두드러지게 나타난다. 편부모가 되는 것은 젊은 나이에 배우자를 잃고 겪게 되는 주요 이차적 상실 중 하나이다.

노년기의 배우자 사별

사별 후 유족이 어떻게 적응하는지는 다양한 신체·심리적 요인과 사회·경제적 요인의 영향을 받는다. 최근 연구에서 특히 영향을 미치는 네 가지 요인을 밝혀냈다. 부부 관계의 성격, 죽음의 상황, 사회적 지원과 통합, 마지막으로 사별과 동시에 발생하는 기타 상실과 스트레스가 이러한 요인이다.[5]

어떤 관계를 맺고 있었는가

프로이트의 정신 분석학적 관점을 가진 연구자들은 결혼 생활이 순탄치 않았던 사별자가 더욱 극심하고 병적인 애도 과정을 겪게 된다고 예상했다. 배우자를 보내기 힘들어하면서도 동시에 고인이 자신을 버린 것에 분노할 것이라 진단했다. 하지만 장기간에 걸쳐 결혼 생활과 배우자 사별 후 적응 과정을 관찰한 종단 연구에 따르면, 현실은 그 **반대**였다. 따뜻한 결혼 생활을 누리고 상호 의존도가 높으며 갈등이 적었던 노년의 부부가 사별 후 6개월 동안 더욱 **심각한** 애도 과정을 경험하였다.

하지만 장기적으로는 죽은 배우자와의 강한 유대감이 사별자를 **보호**하는 것으로 밝혀졌다(3장 지속적인 유대 참조). 지속되는 고인과의 심리적 유대감은 사별 후 적응에 필수적이다. 세상을 떠난 남편이나 아내가 이 어려운 상황에 놓였다면 어떻게 대처했을까 고민하고, 현재 자신의 삶에 고인이 된 배우자의 긍정적 영향을 인정하며, 고인이 남긴 유산을 가꾸는 것을 통해 사별 후의 삶에 적응하게 된다.

어떤 죽음을 맞았는가

예상 가능한 죽음은 일반적으로 예상치 못한 죽음보다 고통을 덜 초래한다. 배우자의 죽음이 임박했다는 사실을 알면, 부부는 해묵은 감정을 해결하고 재무 등의 현실적 문제를 처리할 시간적 여유를 갖게 된다. 이러한 준비 과정은 생존 배우자가 사별에 잘 적응할 수 있도록 돕는다. 하지만 노년기에 배우자의 '예상된' 죽음은 장기간의 투병 생활, 고통에 신음하는 배우자를 지켜볼 수밖에 없는 상황, 힘든 간병 생활 등 많은 어려움을 초래한다. 이 과정에서 정작 자신의 건강은 챙기지 못해 생존 배우자의 신체적, 감정적 건강에 문제가 생길 수 있다.

간병인 역할을 하던 사람의 심리 상태가 배우자의 죽음 이후 **개선**된다는 것을 보여 주는 연구도 있다. 생존 배우자는 고된 간병의 의무에서 해방되고 이제 사랑하는 사람이 아파하는 모습을 보지 않아도 된다는 안도감을 느낄지도 모른다. 또는 배우자를 마지막까지 보살폈다는 사실에 만족감을 느낄 수도 있다.

일반 병원이나 요양원에 비해 호스피스 서비스나 완화 치료(집에서 호스피스를 고용한 경우 포함)를 받은 경우, 사별의 결과가 더욱 긍정적이었다. 호스피스 치료는 양질의 돌봄과 감정적 지원을 제공하고 환자의 존엄성을 존중하는 치료 방법으로 보이며, 이러한 것들이 모두 '좋은 죽음'에 기여한다. 하지만 4장에서 언급했듯 서구 국가에서 대부분의 사람들은 일반 병원에서 생을 마감한다.

사회적 지지와 사회 통합

여성들의 친밀한 사회적 관계는 사별 후의 삶에 적응할 때 큰 자산이 된다. 노년에 배우자를 잃으면, 여성은 자녀들에게 남성에 비해 많은 현실적, 감정적 지원을 받는다. 이는 어머니와 자녀의 관계가 더욱 친밀하기 때문이기도 하다. 또한 여성들은 남성에 비해 우정의 범위가 넓고 다양하다. 여성이 상실에 대처할 때 친구들이 제공하는 도움은 매우 중요한 자원이다. 반면 남성은 앞서 언급했듯 연애 또는 재혼 등 새로운 애정 관계를 통해 사회적 지지를 얻으려는 경향이 강하다.

기타 상실과 스트레스 요인

노년의 사별에는 생존 배우자의 건강한 삶을 저해하는 부수적 상실과 스트레스 요인들이 거의 항상 동반된다. 경제적 어려움, 실직 또는 공동체 역할의 상실(은퇴 또는 거주지 이전), 이동성 저하, 건강 및 시력 저하 등이 부수적 상실과 스트레스 요인에 포함된다. 심각한 경우, 사별자는 삶의 질서와 의미를 주던 매일같은 일상생활을 송두리째 잃기도 한다.

이러한 상실과 스트레스 요인들은 **이차적 상실과 더불어** 사별자의 감정적, 신체적 건강을 위협할 수 있다. 배우자를 잃은 남성 사별자는 마음을 털어놓을 상대이자 자신의 내조자, 자신을 돌봐 주던 사람을 잃었기 때문에 특히 힘들다. 여성은 경제적 어려움과 기타 현실적 어려움으로 고통

받는 경우가 많다. 이 시대 노년 여성들은 보통 유급 노동을 한 기간이 남성에 비해 길지 않기 때문에 남성보다 연금 수령액이 낮은 것이 일반적이다.

성인의 부모 사별

'50세 이상 사람들 대부분은 고아이다. 부모 중 한 명, 또는 모두를 잃었을 것이다.'[6] 애도의 주요 이론과 모형에서는 배우자 사별을 가장 일반적 형태의 사별로 간주하지만, 2013년과 2014년 사이에 크루즈 사별 지원 센터를 찾은 내담자 중 가장 많은 비율을 차지한 사별 유형은 부모 사별이었다.[7] 이전 통계에서도 동일한 결과가 관찰된다.

부모 사별의 심리적 영향에 관한 연구 대부분은 취학 또는 미취학 연령의 아동을 대상으로 한다. 이 시기 부모의 죽음은 상대적으로 흔치 않은 사건이다. 일반적으로 이 연령 집단이 보이는 장기적 문제는 부모의 죽음 자체보다는 사별 이후 부모의 보살핌을 충분히 받지 못해 나타나는 경우가 많다(**이차적** 상실).

청년기의 부모 사별

성인기 부모 사별은 **일반적** 사별이고, 시기적으로 당연하다는 인식이 있어 부모의 죽음이 성인 자녀에게 미치는 영향에 관한 연구는 아동을 대상으로 한 연구에 비해 많지 않다.[8] 하지만 10대 후반에서 20대 초반 청년기에 부모와 사별하는 것에 대한 연구는 이보다 더욱 부족한 실정이다. 이 시기에 부모를 잃는 것은 일반적이지도 **않고** 시기상으로 당연하지도 않다.[9]

또한 부모가 심장 마비 등으로 갑작스럽게 사망해 청년기 자녀가 아무런 준비 없이 부모의 죽음을 맞게 되면, 남겨진 자녀는 '세상은 위험하고 기댈 수 있는 곳이 아니며 세상 어떤 것도 신뢰할 만하거나 가치 있는 것은 없다'는 느낌을 받는다.[10] 청년기의 부모 사별에서 가장 심각한 문제이지만, 지금껏 간과되고 오해된 부분은, 인생에 대한 통제력과 주인 의식을 키워야 할 청년기에 자녀들이 부모의 죽음을 겪으며 극심한 무력감과 상실감을 느끼게 된다는 사실이다. 이로 인해 부모의 죽음을 제대로 슬퍼하지 **못하고**, 20년 이상 애도를 미루기도 한다. 사별자의 슬픔을 이해하고 애도를 잘 마칠 수 있도록 돕기 위해서는 고인의 죽음 당시 사별자의 삶의 **전후 사정을 파악**할 필요가 있다.

이전 세대에 비해, 많은 청년들이 부모 중 한 명이 사망하는 시기에 (독립한 적이 없거나 다시 돌아와) 부모와 같은 집에서 산다. 또한 **혼합** 가정이 일반적 가족 형태로 빠르게 부상하고 있기 때문에(4장 참조), 이전 세대에 비해 요즘 청년들은 친부모 또는 의붓 부모(또한 의붓 형제자매와 친족들)의 죽음을 경험할 확률이 높다.

노년기에 맞이하는 부모의 죽음

성인 자녀는 노년기 부모의 죽음을 대비하기 시작하고 이 시기에 겪는 부모 사별을 일반적인 일로 인식한다. 그러나 부모의 죽음을 예상한다고 해서 상실의 충격이 완화되는지에 대한 합의는 이루어진 바가 없다.[11] 부모가 알츠하이머와 같은 치매에 걸리면, 실제 죽음이 도래하기 전부터 자식은 상실을 경험하는 것처럼 보인다. 이를 **모호한** 상실이라고 부른다(1장 참조). 병든 부모를 오랜 시간 간병한 성인 자녀는 부모의 죽음 앞에서 다양한 반응이 나타나는 것을 경험할 수 있다. 사별 전에 이미 고통을 받았음에도 슬픔, 임상적 우울증, 감정의 마비, 안도, 죄책감 등이 더욱 심해진다. 그러나 치매는 노년기 부모와의 관계에서 나타나는 일반적인 현상을 강조하여 보여 줄 뿐이다. 노년의 부모는 물리적이나 감정적으로 자녀에게 의존하게 되고, 이는 과거의 애착 관련 문제들을 다시 불러일으켜 부모와 자녀가 함께하는 마지막 시간을 망칠 수 있다.

부모가 노년에 접어들면 성인 자녀는 **적응 불안**[12] 징후를 보이기 시작한다. 노년의 부모를 어떻게 부양해야 할지, 돌아가시면 어떻게 해야 할지, 부모님 없는 인생을 어떻게 살아갈지 여러 가지 걱정을 한다. 이러한 예기 애도가 유익한지에 관해서는 서로 엇갈린 증언들이 존재한다. 예를 들어, 예상된 죽음이 오랫동안 지연되고 힘들었던 경우, 심각한 심리적 대가를 치러야 할 수도 있다. 특히, 부모가 돌아가시기 전에 상당한 고통을 겪은 경우 문제가 생길 수 있다.

성인 자녀가 복합 비애나 병적 애도를 심하게 겪는 경우는 흔치 않다. 하지만 우울증이나 자살률 증가가 보고되기도 한다. 자살률 증가는 독신으로 어머니와 함께 산 성인 아들들 사이에서 주로 나타났다.[13] 성인 자녀 중 일부는 부모의 보살핌 없이 살아갈 수 있는 완전한 자율성을 (주로 사춘기에) 성취하지 못했을 수 있다. 부모와 특이할 정도로 가까운 애착 관계가 지속되어 새로운 관계를 맺을 기회가 감소하고, 기존 관계가 망가졌을 수 있다. 이 경우 부모의 죽음은 생존 자녀의 정신 건강을 위협할 수 있다. 다른 한편으로, 부모의 죽음이야말로 혼자가 된 성인 자녀가 자신의 진정한 가치와 힘, 잠재력을 발견하는 기회가 될 수 있다.[14]

여성은 평균적으로 연상의 남성과 결혼하고, 남성은 여성보다 평균 수명이 짧기 때문에, 우리 대부분은 어머니보다 아버지의 죽음을 먼저 경험한다. 어머니의 임종이 더욱 고통스러운 데는 두 가지 이유가 있다. 마지막 남은 부모였기 때문에 어머니의 죽음은 자녀를 진짜로 아무도 없는 고아로 만든다. 둘째, 자신보다 나이가 많은 형제자매가 없는 한 성인 자녀는 이제 '줄의 맨 앞'에 서게 된다(다음 내용 참조). '부모의 죽음만큼 자신도 언젠가는 죽는다는 사실을 더욱 실감하게 하는 일은 없다.'[15]

아동과 성인의 형제자매 사별

형제자매와의 관계는 모든 관계 중 가장 오래 지속된다. 부모 또는 배우자, 자녀와의 관계보다도 오래 유지된다. 실로 인생의 마지막으로 향할수록, 많은 사람들의 삶에서 형제자매와의 관계가 감정적 지지의 원천으로 중요한 역할을 한다.[16]

결국, 형제나 자매의 죽음은 연령과 관계없이 정신적 외상을 초래하는 사건이다. 실제 사례를 살펴보면, 형제자매의 죽음의 여파는 사별자의 일생 동안 지속되었고, 사별자가 세상을 살아가는 방식에도 영향을 미쳤다. 아동기 형제자매의 죽음이 어떤 영향을 미치는지에 대해서는 자료가 많지만, 성인기 형제자매 사별의 경우는 자료가 많지 않은 실정이다.

아동기의 형제자매 상실

어린아이가 형제자매의 죽음에 보이는 반응에 영향을 끼

치는 요인들은 다양하다. 아동의 나이와 성별, 건강 상태, 성향이나 대처 방식, 과거 상실의 경험, 죽음의 원인과 장소, 형제자매의 투병 기간, 간병에 관여한 정도 및 (장례식이나 추도식 같은) 죽음과 관련된 행사에 관여한 정도 등이 있다.[17] 형제자매를 돌보는 과정과 장례식과 이후 추도 행사를 적극적으로 도운 아이는 그렇지 않은 아이보다 문제 행동을 보이는 비율이 낮았다. 상황에 대해 정확한 정보를 제공하고 아이가 이런 것들을 같이하고 싶은지 직접 선택하도록 하는 것이 중요하다.

또한 생전에 형제자매와 어떤 관계였는지가 중요하다. 인생의 많은 부분을 공유한 형제자매의 경우, 한 명이 죽으면 살아남은 형제자매의 삶에 큰 공백이 생긴다.

형제자매 사별 반응

아동과 청소년은 형제자매의 죽음에 네 가지 대표적 반응을 보이는 것으로 나타났다.[18]

첫 번째 반응: 마음이 아파

우리가 약한 인간이기에 보이는 애도와 관련된 모든 육체적 반응과 감정적 반응들이 포함된다. 우리는 연약한 인간이기에 사랑하는 이를 더 이상 볼 수 없을 때 그리워하고 아파한다(2장 참조). 성인과 달리 아이들은 자신의 감정을 파악하는 능력이 없거나 미숙하다. 대신 아이들은 자신의 감정을 **행동**으로 표현한다. 이때 다양한 행동이 나타나는데, 섭식 장애 및 수면 장애와 같이 명백한 애도의 징후를 보이거나, 학교 성적 저하와 같이 미묘한 행동의 변화를 보일 수 있다.

두 번째 반응: 이해가 안 돼

아이가 죽음을 이해하는 것은 인지 발달 수준과 밀접한 관계가 있다. 죽음을 개인적으로 경험하게 되면, 아이의 세상은 영원히 변한다. 세상을 이해하고 접근하는 새로운 방법을 개발해 감에 따라, 아이들은 죽음에 대해 새로운 질문을 던지고 죽음에 관한 새로운 이야기를 다시 듣고 싶어 한다.

세 번째 반응: 난 이 집에서 외톨이야

가족 구성원의 죽음은 가정 생활의 정상적 일상을 파괴한다. 부모는 슬픔에 압도되고 남은 자녀들은 어쩔 줄 몰라 하거나, 부모를 돕고 싶어도 어떻게 도와야 할지 모르는 상태에 빠진다. 자신들이 현재 일어나고 있는 일의 일부가 아닌 것처럼 느끼기 시작할 수 있다. 시간이 지나며 가족 내의 역할과 책임이 재조정되면서 생존 형제자매들은 자신의 자리가 사라졌다고 느낄 수 있다.

네 번째 반응: 나는 충분하지 않아

생존 자녀들이 절망에 빠진 부모를 돕고 싶어 하는 것은 일반적 현상이다. 그러나 무엇을 해도 도움이 되지 않는 것 같고, 부모를 행복하게 하기에 자신이 '충분치 않다고' 느낄 수 있다. 더 심한 경우, 죽은 형제나 자매가 부모가 가장 사랑하는 자식이었다고 생각한다. 만약 엄마가 동생을 임신하게 되면, 이러한 감정은 더욱 심해질 수 있다(앞서 논의한 청소년기 부모의 상실에 대한 부분 참조).

이러한 반응들은 유년기에 형제자매를 잃은 경험이 있는 성인에게도 동일하게 적용된다.

성인의 형제자매 사별

형제나 자매를 잃고 보이는 반응에 관한 앞의 설명 중 여러 요소가 성인기 형제자매 사별에서도 동일하게 나타나고, 아래와 같은 경향이 관찰되었다.

> 형제나 자매를 잃으면 평생동안 고인을 어떤 식으로든 보존하려는 노력을 한다. 또한, 자신이 죽은 형제를 구했어야 하는데 그러지 못한 것을 대신해 다른 사람들을 구하려고 노력한다. 많은 아이들에게……유일한 방법은 특별히 착한 아이가 되는 것이다.[19]

가장 대표적인 예가 영국 작가 제임스 매슈 배리이다. 그는 절대 자라지 않는 소년『피터 팬』을 통해 형 데이비드를 작품 속에서 영원히 살아가게 했다. 작가가 여섯 살 때 형 데이비드는 열세 살의 나이에 스케이트 사고로 목숨을 잃었다. 문학을 통한 불멸화는 고인을 우리의 기억 속에서 살아가게 하려는 극단적 시도이다(3장 지속적인 유대에 관한 논의 참조).

성인기 형제자매와의 유대는 형제자매 상실에 관한 논의와 앞서 나온 성인기 부모 상실에 관한 논의를 연결시켜 이해하는 데 도움이 된다.[20] 노년의 부모가 사망했을 때, 많은 성인 자녀들은 이제 '혼자서' 세상을 직면해야 한다는 사실을 깨닫고 충격에 빠진다. 부모의 죽음이라는 일반적 사건에 이미 준비되어 있다고 느꼈는데도 충격을 피할 길이 없다. 일부 성인 사별자들은 자신의 형제자매를 특별히 좋아하지도 않으면서 그들과 가깝게 지낸다. 이는 형제자매와의 관계가 죽은 부모와의 관계를 지속시켜 준다고 느끼기 때문이다. 고인이 된 부모는 자녀와 신 사이에서 완충제 역할을 한다.[21]

앞에서 형제자매 사별은 '인정받지 못한 상실'이라고 설명했다(4장 참조). 친구와 동료, 심지어 친척들도 형제자매를 잃은 사별자를 도울 준비가 되어 있지 않다. 그들의 고통을 이해하지 못하는 것이다. 도움을 받지 못하기 때문에 사별자 자신조차 자신이 겪는 상실을 이해하지 못한다. 형제자매와의 사별은 나이 든 부모를 잃는 것 같이 일반적 상실이나 '자연의 질서'로 생각되지 않는다. 이와 동시에, 형제자매를 잃은 사별자는 자식을 잃고 비통에 빠진 늙은

부모를 돌봐야 할 수도 있다. 게다가 죽은 형제나 자매의
가족(배우자와 조카들)과의 관계도 큰 변화를 겪게 된다.

아이를 잃는다는 것

——

> 자녀의 상실은 영원히 고통스럽다. 아이의 죽음과 함께
> 부모의 일부가 사라진 것이기 때문이다.……모든 사회
> 에서 어린아이의 죽음은 가족이나 사회의 실패이자 희망
> 의 상실이다.[22]

아이의 나이에 상관없이, 서구에서는 아이의 죽음이 '가
장 고통스럽고 가슴 아픈 슬픔의 근원'이라는 인식이 있
다.[23] 유아나 어린아이의 죽음이 가장 고통스러울 것이라
고 생각하지만, 사실 성인이 된 자녀를 잃는 것이 배우자나
부모, 형제나 자매를 잃는 것보다 더욱 강하고 오래 지속되
는 슬픔과 우울감을 초래한다.[24]

하지만 제삼 세계 국가에서 여성은 자녀가 많이 죽을 것
을 예상하고 출산을 많이 한다. 이러한 국가에서는 아이의

죽음, 특히 유아의 죽음으로 인한 심리적 충격은 서구 국가에 비해 덜하다. 서구의 '의학적 특권을 누리는 세계'에서 아이의 죽음은 때 이른 죽음이고, 이례적인 사건이며, 종종 정신적 외상을 초래하고 일부 경우에는 갑작스럽고 불가해한 사건이다(유아 돌연사 증후군, 5장 참조).[25]

아이가 사망하면 어떻게 죽었는지에 관계없이 부모는 아이의 인생과 미래를 빼앗겼다고 느낀다. 자녀와 부모의 관계는 아이가 태어나기 전부터 시작된다. 엄마와 아빠는 임신이 되기도 전에 자신의 자녀가 어떠하면 좋겠다는 기대를 갖는다. 임신을 계획하지 않았거나 (임신 초기, 혹은 임신 기간 내내) 원치 않았을 경우, 부모는 태중의 아이에게 심한 양가감정을 갖는다.[26] 하지만 아이의 상실은 임신의 어느 단계에 유산을 했든 애도가 필요한 사건이다.

자연 유산으로 아이를 잃은 경우

산모의 슬픔은 아기를 원했는지 여부에 따라 영향을 받는다. 임신 초기(태아의 자궁 외 생존이 가능하지 않은 단계) 유산의 경우도 마찬가지이다.[27] 아기가 뱃속에서 움직이는 걸

단 한 번이라도 느꼈다면, 유산은 '사람'을 잃은 것이다. '아무것도 아닌 것'이나 '단순 제거술(자궁 소파 수술)'이 아니라 아기의 시작을 잃은 것이다. 아기를 '수태물'이나 '배아', '태아' 등의 의학 용어로 부르는 것은 산모가 이미 사랑하던 아기의 존재를 부인하고, 아기를 위해 애도해야 하는 현실을 부정하려는 시도일 것이다.[28]

치료적 유산 또는 인공 유산으로 사별한 경우

영국에서 1990년부터 시행된 '낙태법Abortion Act'은 여성이 임신 24주 이내에 합법적으로 낙태 수술을 받는 것을 허용한다. 단, 두 명의 의사가 산모의 목숨이 위험하다고 진단하거나, (신체 혹은 심리적으로) 영구적 질병을 예방하기 위해, 혹은 산모의 다른 아이를 보호하기 위해 낙태가 필요하다는 진단을 내려야 한다. 또한, 태아의 장애가 의심되는 상황에서도 낙태가 허용된다.

법적으로 허용된다 해도 낙태는 논쟁의 소지가 많은 윤리 문제이다. 많은 전문가들이 낙태가 여성에게 죄책감과 해결되지 않은 상실, 자존감 저하를 초래하기 때문에 정신 건강에 나쁜 영향을 끼친다고 주장한다. 낙태의 애도 패턴은 유산과 비슷하지만, 낙태의 경우 애도를 억제하거나 억압할 가능성이 훨씬 높다.

사산으로 아이와 이별한 경우

임신 24주 이후의 아기가 호흡을 멈추면 사산이라 한다. 진통을 다 겪은 후에 아기가 살아 있지 않다는 걸 알게 되면 고통은 더욱 커질 것이다. 이러한 유형의 죽음은 흔치 않기 때문에 부모는 '다르다'는 이유로 주목을 받고, 이는 낙인 효과를 지닌다. 그러나 일부 부모는 사산이라는 상실을 겪으며 긍정적 경험을 하기도 한다(7장 참조).

　지난 40년간 사산 및 사산이 부모에게 끼치는 영향에 대한 이해는 눈에 띄게 발전했다. 사산으로 아이를 잃은 부모들이 자신들이 겪는 상실에 대한 사회적 인식이 부족하다는 것에 분개하여 1978년 '사산과 신생아 사망 자선회 The Stillbirth and Neonatal Death Charity, Sands'를 결성했다. 자선회는 의학계와 협업하여 관련 지침서를 발행하는 등 중요한 진전을 이끌어냈다.

영아 돌연사 증후군

영아 돌연사 증후군sudden infant death syndrome, SIDS은 생후 12개월 이내의 영아가 특정한 원인 없이 갑자기 사망하는 것을 말한다(미국과 영국에서는 **요람사**라고 부르기도 한다).[29] 12개월령 이하 영아 사망 원인 1위로 생후 2개월에서 4개월 사이에 가장 많이 발생한다.

자녀의 나이에 상관없이 부모가 자녀보다 오래 살면 안 된다는 일반적 '법칙'에 위배되는 것 외에도, 영아 돌연사로 아이를 잃은 부모들은 흔히 극도의 죄책감과 분노, 비난이라는 세 가지 주요 감정 반응을 보인다. 또 부부 사이에 대화가 줄고 서로 주고받는 감정적 지지도 줄어든다(다음 내용 참조).

아기의 죽음에 엄마와 아빠는 서로 다른 방식으로 대처하는 '회복 패턴의 불일치'를 보인다. 앞에서 성별로 직관적 애도와 도구적 애도를 한다고 설명했듯(1장 참조), 엄마들은 더욱 깊은 우울감을 느끼고, 내성적으로 변하며, 일상생활을 영위하는 데 어려움을 겪는다. 반면 아빠들은 보호자와 관리자 역할을 자처하며 자신의 감정을 억누르고 아기의 죽음에 계속해서 집착하는 아내를 이해하지 못한다. 아빠들은 엄마들보다 더욱 강한 분노와 공격 성향을 보인다.[30] 이는 사산으로 아이를 잃은 부모들에게서도 동일하게 관찰된다.

영아 돌연사의 원인이 아직 규명되지 않았기 때문에 같은 비극이 또다시 발생하는 것을 막기 위해 할 수 있는 일이 없다는 데서 공포심은 더욱 깊어진다. 아이를 위해 무언가를 했어도 소용없었겠지만, 그렇다고 죄책감과 자기비판이 줄지는 않는다.[31] 영아 돌연사 증후군으로 상실을 경험하면 복합 비애로 이어질 위험이 높다는 것은 놀랄 일이 아니다[32](6장 참조).

자녀의 상실 이후 부부 관계의 변화

상실 이후 부부는 각자의 슬픔을 감당하며 서로에게 힘을 주는 관계를 가꿔 나가야 한다. 부부에게 감정적 지원을 제공하는 가족들이 완충제와 보호대 역할을 할 수 있지만, 항상 그런 것은 아니다(사산이나 기타 인정받지 못한 비애). 주변의 도움이 없을 때, 아이의 죽음은 부부 관계에 심각한 타격을 줄 수 있다.

다음 문단에서 아이를 잃은 남성과 여성이 사용하는 비유적 표현을 살펴볼 것이다. 이 표현들은 자녀를 잃은 부모가 자신의 슬픔, 애도 과정에서 배우자와 협상하는 과정, 남겨진 부부 관계의 본질을 묘사하고 표현하는 데 도움을 준다. 비유는 '관계를 개념화하는 렌즈'와 같다'[33] (2장 비유에 관한 논의 참조).

아이의 죽음 이후 부부의 관계 비유[34]

한 온라인 설문 조사에서 평균 4년 이내에 아이를 잃은 응답자 420명에게 (주로 교육 수준이 높은 백인 여성으로 구성) 다음과 같은 질문을 했다. '아이의 죽음이 배우자, 또는 파트너와의 관계에 어떤 영향을 끼쳤는지 당신의 말로 설명해 주세요.' 응답자들이 사용한 비유적 표현에서 세 가지 내용이 나타났다.

71.5%가 아이의 죽음으로 부부가 더욱 가까워졌다고 말했다. ('우리의 결혼이 더욱 단단해졌어요.') 20.8%는 부부가 멀어졌다고 응답했다. ('우리를 거의 파국으로 몰아넣었어요.') 7.7%는 힘든 시기가 있었지만 종국에는 둘을 이어 줬다고

말했다. ('우리를 갈라 놨지만 우리 사이는 더욱 강해졌어요.')

　일반적으로 부부의 애도 과정을 어려운 여정을 함께 견디는 과정이라고 묘사한다(2장 참조). 서로 다른 애도 방식을 이해하고 적응하는 과정은 많은 부부에게 감당하기 힘든 과제이다. 이는 아이의 죽음 이후 많은 부부가 헤어지는 것을 보면 알 수 있다. 어떤 부부는 서로의 차이에 적응하고 서로를 있는 그대로 받아들이지만, 어떤 부부는 둘의 차이가 극복할 수 없을 만큼 크다고 느낀다. 이는 '그 사람은 내가 우는 걸 참지 못하더니 끝내 떠나 버렸어요'라는 한 응답자의 답변에 잘 나타난다.

　아이의 죽음에 대해 대화할지 말지 결정하는 상황을 묘사하며 다수의 응답자가 '방 안의 코끼리(누구나 알고 있지만 누구도 먼저 이야기를 꺼낼 수 없는 크고 무거운 문제)' 또는 '그 주제를 매우 조심하며 피했어요'와 같은 표현을 사용했다. 응답자 대부분이 가장 효과적인 부부 간의 대화를 '열린 대화'라고 표현했다.

자녀 사별 후 부모 역할의 어려움

앞에서 아동이 형제 또는 자매 상실에 보이는 반응을 논의하며 언급했듯, 생존 자녀들은 애도 중인 부모와의 관계가 크게 변하는 경험을 한다. 역으로 부모도 사별을 경험한 생존 자녀들을 양육하는 데 어려움을 겪는다.[35]

생존한 형제자매들은 다양한 이차적 상실을 경험한다. 먼저, 부모가 부모 역할을 제대로 할 수 없는 상태에 빠지면서, 가족이 주던 위로와 안정감, 안전하다는 느낌, 예측 가능성이 모두 사라진다. 사별한 부모는 '죽은 아이에 대한 부모 역할을 포기하는 동시에 살아 있는 자녀에게는 계속해서 부모 역할을 수행해야 한다는 미묘하고도 복잡한 과제에 직면한다.'[36]

자녀를 잃고 부모 역할을 계속하는 것은 복잡하고 힘든 과제이다. 첫째, 상실로 인해 변한 생존 자녀의 성격 및 행동에 대처해야 한다. 둘째, 시간이 지나 언젠가는 생존 자녀들과 형제 또는 자매의 죽음에 대해 다시 이야기해야 한다. 생존 자녀들이 성숙해지면 상실과 그로 인한 심오한 여파들을 더욱 깊이 이해할 수 있다. 셋째, 각 생존 자녀들이 보이는 애도 유형을 그대로 인정하고, 각각의 아이에게 각자 다른 방식으로 대응해 주어야 한다. 생존 자녀가 한 명 이상인 경우, 아이들이 각자 여러 층위의 상실(친구와 라이벌, 비밀을 털어놓을 상대, 놀이 상대, 롤 모델, 부모 역할을 하던 형제나 자매, 기존 가족 개념의 상실 등)에 다르게 반응할 때, 부모는 아이마다 다르게 대응해야 한다. 넷째, 부모들은 내적으로 이 끔찍한 경험과 애도의 고통에서 생존 자녀들을 보호하지 못했다는 무력감에 시달린다. 다섯째, 자신도 이해할 수 없는 이 상황을 이해하려 노력하면서, 아무 이유나 의미 없이 발생한 이 비극을 생존 자녀들이 잘 이해할 수 있도록 도와주어야 한다.

06

지나칠 정도의 애도는 정상인가?

복합 비애(문제적, '비정상적,' 또는 병적 애도)를 이해하는 데 있어 가장 논리적인 출발점은 주요 이론과 모형들이 복합적이지 않은 '정상적' 비애를 어떻게 설명하는지 살펴보는 것이다. 2장과 3장에서 보았듯이, 주요 모형과 이론들은 정상적인, 또는 **건강한 애도의 모습**이 어떤 것인지 설명한다. 정상적 애도에는 감정적 에너지를 고인에게서 회수하는 것,[1] (정해진 순서대로는 아니지만) **일정 단계**를 거치는 것,[2,3] **특정 과업**을 성취하거나 완성하는 것,[4] **상실** 지향과 **회복** 지향을 **주기적으로 반복하는 것**,[5] 변화에 적응하고, 새로운 가정적 세계를 확립하는 것,[6] 고인과 감정적 유대를 지속[7]하는 것 등이 포함된다.

애도 작업과 복합 비애

앞서 언급한 대부분의 설명은 건강한 애도에 초점을 맞추고 있지만, 이러한 설명은 비정상적이거나 복합 비애의 본질이 무엇인지를 **은연 중에 내포**하고 있다. 반면, 프로이트의 '애도 작업'은 무엇이 병적 애도인지 명확히 밝힌다. 프로이트는 죽음의 현실을 직면하지 못하고 고인을 심리적으로 놓아주지 못하는 것을 병적 애도라고 정의했다.

3장에서 언급했듯, 이후 등장한 모형과 이론들은 프로이트의 '애도 작업'에 직접적으로 반대한다(특히 '이중 과정 모형'과 '지속적인 유대'). 프로이트의 '애도 작업'을 구체화한 단계 모형과 워든의 '애도의 과업' 개념이 '모두에게 동일하게 적용되는' 애도를 제시한다는 점에서 한계가 있다는 것도 살펴보았다. 최근 연구들은 전통적 모형이 인간의 적응 유연성을 얼마나 과소평가했는지 보여 주었다.[8] 많은 정상적 애도자가 상담 여부와 관계없이 수개월 이내에 사별에 잘 적응했다. 특히, 노년의 배우자 사별과 같이 일반적 상실의 경우에는 더욱 높은 적응력을 보였다.[9]

이와 유사하게, 고인과 유대감을 지속해야 한다는 측에서는 고인과 감정적으로 분리되는 것보다 감정적 유대를 지속하는 편이 정신 건강에 더 좋을 뿐만 아니라 여러 문화권에서 좀 더 일반적이라고 주장한다.[10] 사랑하는 사람과 감정적 유대를 유지하는 것은 사별자에게 위안이 될 수도 있고, 스트레스로 작용할 수도 있다. 이는 사별 후 얼마의 시간이 흘렀는지, 사별자가 상실을 이해할 수 있었는지 등 여러 요인에 따라 결정된다. 현재 중요한 애착 관계에서 사별자가 느끼는 안정감도 하나의 요인으로 작용할 수 있다.

이중 과정 모형과 애착 이론, 복합 비애

이중 과정 모형은 애도를 선형적이고 단계별 과정이 아닌, **주기적** 과정으로 설명한다. 애도자는 상실과 그와 관련된 감정을 반복적으로 경험하며 고인과의 관계를 재정립하고, 고인이 없는 변화된 세상에서 새로운 역할과 책임을 맡게 된다. 정상적 애도에 관한 이러한 설명은 병적 애도에 관한 우리의 이해를 확장시킨다. 즉, 슬픔에서 주의를 돌리지 못하거나 피하지 못하는 것도 슬픔을 직면하지 못하는 것만큼 비정상적 애도를 나타내는 징후일 수 있다는 것이다. 하지만 우리는 아직도 상실 지향과 회복 지향 사이의 최적의 균형이 정확히 무엇인지, 어느 시기에 각각의 지향성에 집중하는 것이 최상인지 알아내지 못했다.[11]

이중 과정 모형은 **만성** 슬픔, 슬픔의 **부재**, 혹은 **억제된** 슬픔과 같이 복합적이거나 병적인 애도를 이해할 수 있는 틀을 제공한다. 하지만 만성적 슬픔과 같은 상실 지향 유형과 슬픔의 부재와 같은 회복 지향 유형의 복합 비애를 겪을 때, 한 가지 지향성에만 과도하게 집중하고 나머지 지향성은 피한다면, **극단적 반응이 나타날 것이다.** 이렇게 **변형된 주기**는 '정상' 애도의 특징인 직면-회피의 주기적 반복과는 **매우 다른 양상**을 보인다.[12]

3장에서도 언급했듯, 이중 과정 모형에 따르면 사별자가 상실 지향 또는 회복 지향 활동에 집중하는 강도를 결정하는 요인은 매우 다양하다. 특히 애착 유형이 지배적 역할을 한다. **안정형 애착 관계**를 가진 사별자는 상실 및 회복 지향 관련 활동을 건강한 방식으로 전환하며 수행할 것이다. **불안−회피형 애착 관계**를 가진 사별자들은 애착과 관련된 감정을 억누르고 회피하며 슬픔의 부재 또는 억제된 애도 반응을 보일 것이다. 그들은 아무 일도 벌어지지 않은 것처럼 행동하고, 회복과 관련된 활동에 바로 집중한다. 고인과의 유대 관계가 너무 **약한** 것이다.[13]

불안−양가형 애착 관계를 가진 사별자들은 상실 지향성을 강하게 보이고 회복과 관련된 행동을 아예 하지 않는다(만성적 애도). 고인과의 유대감이 너무 **강한** 것이다.[14] 마지막으로 **비조직형 애착 관계**를 가진 사별자들은 고인과의 친밀했던 기억을 일관되게 추억하거나 말하지 못하고 **외상성 애도** 반응을 보일 것이다.[15]

불안형 애착 관계를 가진 사별자들은 **과각성**, 즉 과한 각성 상태로 묘사되고 회피형 애착 관계를 가진 사별자들은 **저각성**, 즉 과소 각성 상태로 묘사된다.

애도의 의미 재구성

의미의 재구성이라는 관점에서 보면 사별은 생존자의 자기 서사를 뒤흔드는 사건이다. 자기 서사란 인생의 사건과 주제를 정리하는 기본 체계로 우리가 과거를 해석하고 현재에 투자하며 미래를 예측할 수 있도록 한다.[16] 사람들이 인생의 전환기를 잘 지나기 위해 의지하는 의미 체계는 대개 유연하고, 상황에 적응하는 데 도움이 된다. 하지만 사별 직후의 고통스러운 의미 탐색 과정은 이후 수개월 또는 수년 동안의 극심한 애도로 이어질 수 있다. 반면, 상실에서 의미를 찾아내는 능력은 장기적으로 더욱 건강한 애도와 강한 적응 유연성을 보장한다(7장 참조).

의미의 탐색은 자살, 살해나 살인, 사고로 사별을 경험한 경우 특히 중요하다(이 중 자살은 더욱 그러하다. 178~181쪽 참조). 폭력적이고 비정상적인 죽음을 이해하지 못할 경우, 사별자는 추후 적응에 어려움을 겪는다. 특히 자살로 고인을 잃은 경우엔 여파가 더욱 크다.[17] 자녀를 잃은 부모를 대상으로 한 연구에 따르면, 자녀의 이해할 수 없는 죽음이 부모가 느끼는 슬픔의 강도를 높이는 원인이 된다고 한다.

이는 사별 후 흐른 세월이나 죽음의 원인, 부모의 성별과 같은 객관적 요인보다도 강력한 요인이다(5장 참조).[18]

이전 장에서 여러 번 언급했듯, 애도의 유형(건강한 애도와 병적 애도, 복합 애도와 비복합 애도)과 관계없이 전통적으로 애도는 **개인의 내적 과정**으로 인식된다. 하지만 최근 연구들은 애도의 **교류적** 성질에 집중한다. 가족이 겪는 애도에서 사별에 대한 문화적 담론에 이르기까지 여러 층위에서 애도는 교류적 성향을 띤다. 개인이 가진 상실에 대한 의미는 그의 가족과 공동체, 그리고 죽음과 상실에 대한 사회의 정의와 애도자를 대하는 사회의 태도와 분리해서 생각할 수 없다(5장 참조).

이러한 전체적 접근법에 따르면 사별자는 고인이 더 이상 물리적으로 존재하지 않는 세계에 적응하는 것 뿐만 아니라, 사람들과의 상호 교류가 필연적으로 변할 수밖에 없는 세계에도 적응해야 한다. 후자의 경우, 애도자는 세상의 인정을 받거나 받지 못할 수 있고, 도움을 받거나 받지 못할 수 있으며, 애도할 권리를 인정받거나 박탈당할 수 있다(인정받지 못한 비애, 4장 참조).

이러한 사별 이론의 변화는 정상적이고 예상 가능한 상

실 반응에 대한 우리의 이해를 바꾸는 단초가 되었고, 그에 따라 병적 애도에 관한 우리의 인식도 변했다.[19]

복합 비애의 증상과 진단
———

복합 비애와 비복합 비애

일반적으로 복합 비애complicated grief, CG란 정상에서 '벗어난' 비애로 이해될 수 있으며, 중요한 사람의 상실에 적응하는 특히 고통스러운 과정을 말한다.[20] 복합 비애와 비복합 비애uncomplicated grief, UCG를 구분하는 명확한 기준은 없다. 이는 정도의 문제이다. (즉 둘 사이에는 **정량적** 차이만이 존재할 뿐이다.)[21] 예를 들어, 양 끝단 중 한쪽에 지속 비애 장애prolonged grief disorder, PGD가 있고 다른 한 쪽에는 '정상적인' 비복합 비애가 있을 뿐이다(다음 부분 참조).

그렇다면 어디서 정도의 차이가 유형의 차이(정량적 차이)로 변할까? 최근 몇 년간 복합 비애, 구체적으로는 지속 비애 장애를 주요 우울 장애major depressive disorder, MDD나 외상 후 스트레스 장애post-traumatic stress disorder, PTSD와 별개로 간주하고 치료해야 할지 여부를 두고 열띤 논쟁이 진행되고 있다. (일반적으로 복합 비애와 두 정신 장애는 증상이 겹친다고 설명된다.)

지속 비애 장애

『정신 장애 진단 및 통계 편람Diagnostic and Statistical Manual of Mental Disorders』(DSM-IV-R, 2000, 미 정신 의학계의 '바이블'이자 전 세계에서 널리 쓰이는 참고 자료)을 편찬한 정신 의학계는 2013년 이전까지 애도의 어떤 패턴도 병이라고 공식적으로 인정하지 않았다. 사별은 임상적 관심을 때때로 필요로 하는 사건이긴 하지만, 그 자체가 정신 장애는 아니고 인생에서 누구나 겪을 수 있는 문제로 인식되었다. 상실에 적응하는 과정에서 생기는 모든 정신적 문제는 우울증이나 불안 장애, 또는 외상 후 스트레스 장애와 같은 다른 정신 장애의 관점에서 진단해야 했다.

하지만 지난 15년간 복합 비애(정상적인 애도 '여정'의 교란)나 지속 비애 장애(수개월이나 수년 동안 일상생활을 수행하지 못하는 극심한 애도의 만성적 상태)를 따로 진단해야 한다는 증거가 방대하게 축적되었다. 이 두 용어는 기능적으로는 같지만, 복합 비애는 보통 비복합적 애도(혹은 정상적 애도)와 다른 애도 반응을 강조하기 위해 사용되는 말이고, 지속 비애 장애는 복합 비애의 특정 형태를 지칭한다.

지속 비애 장애의 진단학적 특징[22, 23]

지속 비애 장애(6개월 이상 지속되면 진단됨)의 주요 특징은 첫째 외로움, 고인에 대한 그리움, 집착의 형태로 나타나는 확연하고 오래 지속되는 이별로 인한 고통이다. 둘째, 사회생활과 일, 가정생활(가사 책임)을 영위하는 기능의 심각한 손상이다.

이에 더해, 아래 열거하는 아홉 개의 증상 중 **최소 다섯 개**를 매일 정상 생활이 불가할 정도로 심하게 경험하고 있으면 지속 비애 장애라고 진단한다.

(1) 자아감 저하(공허하고 혼란스러우며, 자신의 일부가 죽은 것 같은 느낌)
(2) 가슴과 머리 모두 상실의 현실을 받아들이지 못함

(3) 상실을 생각나게 하는 모든 것을 회피

(4) 타인을 불신하고 이해받을 수 없다는 느낌

(5) 고인의 죽음에 대한 극단적 괴로움과 분노

(6) 새로운 삶을 받아들이기 극도로 어려움(새로운 친구를 만들거나 새로운 흥미를 찾기 어려움)

(7) 전반적 마비(감정의 부재나 무감각), 또는 분리(사회적 위축)

(8) 인생이 공허하다는 믿음과 미래가 무의미하고 목적이 없다는 생각

(9) 고인의 죽음에 충격을 받아 멍하고 놀란 상태

PGD 진단은 사별자가 고인의 죽음(갑작스러운 죽음이나 폭력적인 죽음)과 관계없이 증상을 겪고 있는 것을 의미한다. PGD가 심리적 고통, 신체적 질병, 사회적 기능 장애의 증가와 연관이 있다는 것을 보여 주는 연구가 상당히 많다.

사별자가 경험하는 신체 증상과 죽어 가던 배우자(또는 사랑하는 사람)가 경험했던 증상 사이에 눈에 띄는 유사점이 나타난다는 보고가 다수 있다. 일반적인 예로는 관상 동맥 혈전증의 고통과 유사한 가슴 통증, 명백한 뇌졸중 증상,

반복적인 (실제) 구토 등이다. 이는 모두 **동일시 증상**의 예이다. 드물기는 하지만, 동일시 증상은 '정상적' 애도 과정에서 흔히 보이는 증상이 과장되어 발현되는 경우도 존재한다(가슴 두근거림과 가쁜 호흡은 불안에 흔히 동반되는 증상이지만, 심장 마비와 비슷한 증상이기도 하다. 1장 참조).

위에 설명한 특징은 주요 우울 장애나 외상 후 스트레스 장애와는 충분히 구분되는 뚜렷한 증상군을 형성하므로 별도의 진단 항목(정신 장애)으로 보는 것이 타당하다.

지속 비애 장애 외의 복합 비애가 있을까?

지속 비애 장애가 별개로 분류되는 정신 장애이긴 하지만, 복합 비애와 지속 비애 장애를 단순히 같은 것으로 간주할 수는 없다. 복합 비애는 (최소) 네 가지 형태로 나타난다.[24] 첫 번째 형태는 **복합 비애 증상**이다. 사별자는 심리·행동·사회·육체적 고통과 장애, 기능 장애, 질병, 자유의 상실 등을 경험한다. 이러한 증상들은 정상적 애도 과정이 제대로 이루어지지 않거나 왜곡되고 실패할 때 나타난다.

두 번째 형태는 **복합 비애 증후군**이다. 복합 비애 증상들이 여러 개 결합하여 일곱 개의 증후군을 형성한다. 슬픔의 **부재**(혹은 **최소화**), **지연, 억제, 왜곡**(극도의 분노와 죄책감을 느끼는 유형), **갈등, 예기치 못한 발현, 만성** 비애 증후군이 이에 해당한다. (PGD는 만성 비애의 한 유형이다.)

애도 반응이 최소한으로 나타나거나 부재하는 것은 매우 일반적으로 나타나는 반응이지만, 애도가 지연되는 경우는 매우 드물다. 만성적 애도나 PGD는 일반적으로 병적 애도의 범주에 속한다고 간주된다. 만성적 애도와 애도의 부재는 이중 과정 모형에 잘 설명되어 있다(160~162쪽 참조). 트라우마를 동반한 사별과 복합 비애가 어느 정도의 연관이 있는지에 대한 연구가 광범위하게 진행되었다. (이번 장 자살 관련 논의 참조).

세 번째 유형은 **진단 가능한 정신 장애 또는 신체 기능 장애**이다. 여러 연구에서 사별이 건강과 개인의 안위에 심각한 고통을 초래할 수 있다는 것을 일관되게 보여 주고 있다. 일반적으로 사별자는 육체적, 정신적 질병에 걸릴 위험이 높고, 특히 우울증과 불안에 취약하다(1장 참조).

네 번째 형태는 **죽음**이다. 아마 의식적으로 선택된 죽음일 것이다(자살). 복합 비애는 **완결된** 자살과 **자살 경향성**에 위험 인자로 작용한다. 또한, 복합 비애가 초래한 행동인 음주 운전이나 자기 무시로 인해 죽을 의도가 약하거나 없는데도 사망에 이를 수 있다.

복합 비애의 위험 요인
—

복합 비애의 주요 위험 요인 범주 여섯 가지 중 세 개는 **가족 관계, 성별과 연령, 개인적 책임**이다.[25] 5장에서 관련 연구에 대해 논의했다(1장도 참조). 배우자나 아이를 잃는 것(특히 폭력적인 죽음으로 갑작스럽게 잃은 경우)이 가장 중요한 요인으로 밝혀졌다. 다른 주요 **잠재적** 위험 요소는 사별자가 젊은 여성이거나, 소수 집단의 일원일 때, 교육 수준이 낮거나, 저소득층일 때, 과거에 상실의 경험이 있을 때 등으로 나타났다.[26] 개인적 취약성은 다양한 애착 유형(3장 참조)과 그와 관련된 애착 장애, 고인 생전에 사별자가 배우자에 의존한 정도, 기존의 심리 문제(우울증이나 불안 증세를 겪는 성향) 등으로 나타났다. 또한, **적응 유연성** 개념도 중요하다 (2장 참조).

기타 위험 인자로는 **사회 문화적 영향**(특히 사회적 지원이 없거나 가족의 결속력이 약한 경우, 이번 장과 4장 참조), **죽음의 방법**(이번 장에서 논의), **여러 명을 한꺼번에 상실했을 때**와 **인정받지 못한 비애**(1장과 4장 참조)가 있다.

문화 현상으로 본 복합 비애

사회 문화적 맥락 안에서 살펴보지 않는 한 비복합 또는 '정상적' 애도를 제대로 이해할 수 없다. 이는 복합 비애의 경우에도 마찬가지이다. 하지만 복합 비애 개념과 연구는 특정 문화권에 기반을 두고 있으므로 이를 다른 문화권의 사람들에게 적용할 때에는 주의해야 한다.[27] 또한 지금의 우리는 **다원적** 사회(다양성, 혹은 다문화 사회)에 살고 있기 때문에 복합 비애의 개념과 임상적 의미를 한 사회의 **모든** 구성원(또는 하위문화 집단)에게 적용해서는 안 된다.

미국과 유럽에서 문제 삼는 애도의 경향(극단적이고, 장기적이며, 극심한 애도)은 어느 시대에는 정상적 애도라고 인식되었다. 다시 말해, 비복합과 복합 비애에 관한 기준이 문화마다 다르고, 동일 문화권에서도 시대에 따라 변한다. 복합 비애에 관한 네 가지 일반적 가정이 있다. 이를 구체적으로 살펴보자.

복합 비애에 관한 네 가지 가정[28]

첫째, 장기간 극심하게 지속되는 애도는 치료가 필요한 문제이다. (앞서 복합 비애의 본질에 관한 논의에도 이 가정이 내포되어 있다.) 둘째, 애도 기간이 심각히 길다는 판단은 상실이 발생한 정확한 시점이 있음을 전제로 한다. 상실의 발생 시점은 애도 기간을 측정하는 **기준점**이 된다. 하지만 비교 문화적 관점에서 보면 이 가정은 성립할 수 없다. 상실을 지속적이고 반복적으로 겪거나, 좀 더 장기적인 역사적 사건의 일부로 경험하는 사람들이 있기 때문이다. 예를 들어, 많은 미국 원주민이 역사적으로 심한 트라우마를 경험했다. 집단 학살에 준하는 학살과, 집단 성적 학대, 문화적, 사회적, 물리적 환경의 파괴가 수년 동안 지속적으로 발생했다. 이 경우 특정 시작점을 기준으로 애도 기간을 측정하는 것은 말이 되지 않는다.

복합 비애에 관한 대부분의 문헌들은 본질적으로 모든 문화권의 애도가 동일하다고 은연중에 가정한다. 하지만 각 문화권마다 상실에 대처하고 말하는 방식이 다르다는 증거가 상당수 존재한다(4장 참조). 예를 들어, 회복에 대한 개념이 그러하다. 회복은 서구의 개념이다. 일부 문화에서는 슬픔에서 회복하는 것이 정상적이고 바람직하다고 말하면 터무니없는 소리하지 말라는 반박을 들을 것이다(2장 통킨의 원에 관한 논의 참조).

마지막으로, 지속 비애 장애를 **심리적** 문제로만 보는 것은 애도 중인 사람들이 언급하는 경제적, 정치적, 환경적 문제를 무시하거나 등한시하는 결과로 이어질 수 있다. 남편이 사회 부정의에 항거했다는 이유로 암살당한 과테말라 여성의 예를 들어보자. 남편의 죽음 이후 수년 동안 그녀는 복합 비애 증상을 보이며, 자신의 고통을 가난한 과테말라 사람들이 겪는 경제적, 정치적, 환경적 억압의 층위에서 설명했다. 이를 듣고 만약 많이 슬프면 상담을 받아보는 게 어떻겠냐고 제안한다면, 그녀는 이를 자신이 중요하게 여기는 가치에 대한 배신이라고 받아들일 것이다. 우리는 이 여인의 슬픔을 전후 사정을 고려하지 않은 채 피상적으로 이해하고 오해한 것이다.

죽음의 방식으로 인한 복합 비애와 외상적 사별

정신과 치료를 받은 거의 모든 사별자는 심한 정신적 외상을 초래하는 사별을 경험했거나 이미 심리적으로 취약한 상태였던 사람들이었다(169~173쪽, 아래 단락 참조).

심리적으로 취약하지 않았던 사람들도 예상치 못한 갑작스러운 죽음, 여러 사람의 죽음, 폭력적 죽음, 사람이 초래한 죽음(살해, 자살 등)으로 사별을 겪으면 정신 건강에 문제가 생길 수 있다.[29]

예상치 못한 갑작스러운 자연사도 있긴 하지만, 자연사는 대부분 정신적 외상을 초래하지 않는다. '예상치 못한 갑작스러운'이란 말은 (꼭 그렇진 않지만, 종종) 아동과 청소년, 청년의 죽음과 같이 때 이른 죽음을 암시한다.

예상치 못한 갑작스러운 죽음

하버드 연구[30]는 젊은 나이에 배우자를 사별한 사람들을 대상으로 했는데, 이들은 죽음을 준비할 시간이 없었거나 많지 않았기 때문에 감정적 동요가 더욱 심했다. 이러한 감정적 동요는 사별 첫해 내내 지속되었다. 사별 13개월 후를 기준으로 부정적 결과를 예측하는 선행 변수 55개 중 1위가 '짧은 기간에 사망한 불치병'이었다. 미국, 영국, 스웨덴에서 시행한 다른 연구에서도 비슷한 결과가 나왔다.

죽음을 예상하고 있었던 경우보다 갑작스럽고 예상치 못한 죽음으로 배우자를 잃은 젊은 사별자들이 사별 이후 사망할 확률도 더 높았다. 이는 배우자를 잃은 노년기 남성 사별자 그룹에서도 (정도는 덜하지만) 관찰된 현상이다. 그러나 갑작스러운 배우자의 죽음이 노년기 여성 사별자의 사망률을 높인다는 증거는 없다. 물론 노년기의 배우자 사별도 갑작스러운 죽음일 수 있지만, 때 이른 죽음은 아니다.

유아 돌연사 증후군은 죽음의 특성상 복합 비애를 초래할 가능성이 높다. 경찰 조사 과정에서 오해가 발생하는 경우도 많고, 부모가 서로를 비난하거나, 죽음의 원인을 끈질기게 찾기도 한다. 일부 엄마들은 평생 동안 '그림자 비애'에 시달린다(5장 참조).[31]

교통사고로 성인 자녀를 잃은 부모를 대상으로 진행한

연구에 따르면, 교통사고로 갑작스럽게 자식을 잃은 부모 (특히 엄마)들이 암에 걸려 호스피스 치료를 받다 죽은 자식을 둔 부모보다 더욱 심각한 건강 문제와 우울증, 죄책감을 겪는 것으로 나타났다. 부모와 함께 살던 어린 미혼 자녀가 홀로 운전하다 사고로 목숨을 잃거나, 술이나 관계 문제를 겪다 사망하면 부모에게 나쁜 결과를 초래할 수 있다.

폭력적인 죽음

폭력적인 죽음은 살해와 과실 치사, 자살, 재난과 군사 작전으로 인한 죽음을 지칭한다. 이러한 죽음은 모두 정신 건강에 문제를 가져올 위험이 높다. 살해와 과실 치사, 자살의 경우, 분노와 죄책감이 지배적 감정이다. 예상치 못한 갑작스러운 죽음과 끔찍하고 이른 죽음은 분노와 의심을 유발한다. 이후 장기간 이어지는 소송으로 유족은 지치고 진이 빠지며, 심리적 문제(PTSD와 극심한 분노)를 오랫동안 겪을 수 있다. 그리고 이 과정에서 타인에 대한 신뢰를 잃을 수 있다.[32]

자살은 특별한 경우인가?

자살로 사랑하는 이를 잃은 사별자의 애도 반응이 다른 사인으로 사별을 경험한 이들의 애도와 어떻게 비슷하고 어떻게 다른지를 살펴보는 것은 학문적으로 중요한 함의를 지닌다. 또한 사별자를 위한 지원 및 임상 치료를 설계할 때도 매우 유용하다.[33] 다수의 실증 연구, 임상 경험, 개별 사례들이 자살 사별의 일반적 특징을 파악하는 데 도움을 주었다.[34] 사랑하는 이가 자살하면 일반적으로 사별자는 자신이 버림받고 거절당했다는 감정과 수치심을 느끼고, 낙인이 찍혔다는 느낌을 강하게 받는다. 주변에 사인이 자살이라는 사실을 숨기고 자책하며, 자기 파괴적 성향 또는 **자살 경향성**을 보인다. 또한 죄책감과 분노를 강하게 느끼고, 상황을 설명하려고 하며, '왜' 이런 일이 일어났는지 이해하려고 노력한다(의미 부여). 자살로 인한 사별은 안도감과 충격, 불신을 더욱 배가시키고, 유족의 가족 체계를 뒤흔들며, 사회 지원 이슈와 사회적 고립을 악화시킨다. 자살로 사랑하는 이를 잃은 사별자들은 행동주의적 성향이 증가해 자살 현상에 대한 집착을 보이고, 예방 운동에 적극적으로 참여한다.

자살 사별자는 다른 경우에 비해 우울증과 정신과 입원 치료를 받을 가능성이 높다.[35] 자살 사별과 다른 사인으로 인한 사별의 차이를 개념화한 이론에 따르면, 자살 사별자들은 첫째, **보편적**이거나 **일반적** 반응(사인에 관계없이 모든 사별에 적용되는 애도 반응), 둘째, **이례적** 반응(모든 형태의 **예상치 못한 갑작스러운** 죽음과 연관된 반응, 갑작스럽고 폭력적인 죽음 포함), 셋째, **외상적** 죽음에 적용되는 반응을 모두 보인다.

첫 번째 항목은 애도의 아주 일반적인 측면이지만, 두 번째와 세 번째 항목으로 갈수록 특정 상황에 대한 구체적 반응이다. 자살로 사랑하는 이를 잃으면, 사별자는 모든 사별자가 공통적으로 경험하는 애도 반응을 경험한다(2장 참조). 하지만 그에 더하여, 특정 사인(급작스럽고 폭력적인, 외상적 죽음)의 경우에만 보이는 반응도 경험한다.

자살 사별은 자연사로 인한 사별과 가장 큰 차이를 보이고, 예상치 못한 갑작스러운 죽음과는 약간의 차이를 보이며, 갑작스럽고 폭력적인 죽음과 가장 유사한 사별 반응을 보인다.[36]

하지만 모든 자살이 동일하지는 않다. 그러므로 자살이 사별자에게 미치는 영향도 모두 같지 않다. 또한, 죽음의 방식은 애도 과정과 강도에 영향을 끼치는 여러 변수 중 하나일 뿐이다.

자살과 성별

매년 전 세계적으로 남성보다 여성의 자살 시도(자살극)가 더욱 많지만, 실제 자살 사망자의 수는 남성이 더 많다. 예를 들어, 서구에서 여성보다 두 배나 많은 남성이 자살에 성공한다. 이러한 성 격차는 최소 120년간 존재했지만, 남성이 전체 자살 사망자의 과반수 이상을 차지하게 된 것은 비교적 최근의 일이다. 영국에서 자살은 젊은 남성 사망 원인 1위이다.

비교적 최근까지 자살 충동적 행동과 남성성의 관계는 당연시되면서도 그리 주목받는 주제는 아니었다. 하지만 최근 들어 남성성을 구축하는 자체가 남성들이 자살에 대해 말하고 실행하는 데 지대한 영향을 끼치는 요인이라고 인정하기 시작했다. 예를 들어, 남성 자살자는 여성 자살자에 비해 생전에 의학적 도움을 받았거나, 정신과 진단을 통해 자신의 자살 성향을 파악하고 있는 경우가 드물었다. 이는 남성이 여성에 비해 대부분의 병, 특히 정신 건강이나 감정적 문제에 대해서 전문가의 도움을 받지 않는 경향을 반영한다. 남성은 자신의 고통과 감수성을 부인하는 경향이 강하다. 자살의 위험이 있는 극단적인 경우에도 도움을 청하는 것이 여성적 행동이라고 생각한다.[37]

이러한 남성성은 우울증 **경험**의 성별 차이에도 큰 영향을 끼친다. 여성의 경우, 우울증을 앓을 때 주요 감정이 슬픔인 경우가 많지만, 남성은 분노나 과민성이다. 종종 무모함도 함께 나타난다. 이는 남성과 여성이 각각 도구적 애도와 직관적 애도를 하는 것과 같은 맥락으로 이해할 수 있다(1장 참조).

07
성장이라는 애도의 긍정적 측면

인간은 지구상에서 유일하게 자신이 언젠가는 죽을 것이란 사실을 인식하며 살아가는 종이다.

> 다른 동물과 달리, 인간은 현재의 물리적 세상을 사는 것에 그치지 않고, 오랜 기억과 먼 미래에 대한 기대, 반성, 목표, 해석, 희망, 후회, 믿음, 비유, 즉 **의미**로 이루어진 세상에서도 살아간다.[1]

하지만 '지금 이 순간의 강한 물성'이 우리의 취약하기 그

지없는 마음속의 **가정적 세계**를 파괴하려고 위협하거나 실제로 파괴하기도 한다(3장 참조). 자신이 중병을 앓고 있다는 진단을 받거나, 사랑하는 사람이 갑작스레 죽었다는 소식을 접할 때 이러한 순간이 찾아온다.

이때, 우리는 아무도 없는 생존 불가능한 미지의 세상에 나 홀로 던져진 듯한 느낌을 받는다. 우리가 뿌리내리고 살았던, 안정된 목적성과 소속감을 주던, 우리가 당연시 여기던 현실이 송두리째 흔들리거나 파괴되는 경험을 한다.[2]

이는 **의미의 위기**이다.[3]

일반적으로 우리는 의미 부여를 통해 정체성을 확립한다. 우리가 사는 시대와 장소의 사회적 담론이 영향을 주긴 하지만, 우리는 우리만의 인생 이야기(**자기 서사**)를 구축한다(4장 참조). 자기 서사는 우리 자신과 사랑하는 사람들의 이야기이다. 사랑하는 사람의 죽음 같은 충격적인 사건은 우리가 구축한 자기 서사를 위협하고 뒤흔든다. 자기 서사의 기본 줄거리와 주제를 재확인하고 수정하거나, 아예 다른 것으로 바꾸도록 한다.[4]

다양한 차원의 의미 탐색

———

인생을 뒤흔드는 상실 이후, 많은 사별자들이 **의미를 탐색**하
는 여정에 나선다. 의미 탐색은 **실제적** 차원(어쩌다 그가 죽게
되었을까?), **관계적** 차원(이제 누군가의 배우자가 아닌 나는 누구인
가?), 또는 **영적**이거나 **존재론적** 차원(왜 신은 이런 일이 일어나
게 두셨을까?)에서 일어난다.

　이러한 질문을 던지고 나서 어떻게 다루고 해결할 것인
지, 아니면 그냥 이러한 질문을 멈출 것인지는 우리가 상실
을 수용하는 방법과 사별 이후 어떤 사람으로 변할지에 큰
영향을 미친다.[5] 하지만 상실이 언제나 생존자의 자기 서
사를 파괴하는 것은 아니다. 많은 사별자가 과거에 자신들
에게 도움을 주었던 세속적, 혹은 영적 믿음과 관행 속에
서 위안을 찾는다.[6] 특히 일반적이고 예상된 죽음의 경우,
사별자 중 소수만이 의미 탐색을 한다고 보고되었다. 의미
탐색을 하지 않는 것은 애도 이후 긍정적 결과를 암시하는
예측 요인이다.

의미와 외상적 상실, 복합 비애

복합 비애와 관련해, 의미 부재로 인한 고통은 지속 비애 장애와 같이 심신을 쇠약하게 하는 애도 반응을 나타내는 중요 지표이다(6장 참조).[7] 객관적으로 극심한 정신적 외상을 초래하는 상실을 겪은 경우, 왜 이런 일이 일어났는지 이해하려는 노력을 하는 경우가 많다. 자연적 원인으로 사랑하는 이를 잃은 사별자에 비해 자살, 살인, 인명 사고로 사별을 경험한 사람들은 의미 부재로 인해 더욱 심각한 위기를 겪는다. 이렇게 상실의 의미를 찾으려는 욕구는 외상적 사별로 고통받는 사람들의 복합 비애와 자연적 원인으로 사별을 겪은 사람들의 비복합 비애 사이의 차이점을 설명해 주는 중요한 단서이다.

수개월에서 수년 이내에 자녀를 잃은 부모를 살펴본 대규모 연구에 따르면, 사별 후 기간, 부모의 성별, 자녀의 사인(자연적 죽음 혹은 폭력적 죽음) 등의 요인은 추후 적응 과정에 그리 큰 영향을 끼치지 않는 것으로 나타났다. 상실의 의미에 대한 이해 형성 정도가 위의 객관적 요인들 보다 **열다섯 배 이상** 중요했다.[8] 상실의 의미를 이해하는 가장 일반적 방식은 신앙이다. (아이의 죽음은 신이 계획한 것이고, 언젠가 다시 만나게 될 것이다.) 하지만 자녀를 잃은 부모의 상당 수가 상실을 통해 **얻은 것**에 대해 이야기했다. 가장 많이 언급된 주제는 아이의 죽음 이후, 고통받는 사람을 돕고 동감하려는 욕망이 증가했다는 것이다. 이는 새로운 희망과 **자기 효능감**(자신의 행동이 효과가 있고 우리 인생의 통제력을 준다는 믿음)을 의미한다. 위의 경험을 한 부모들은 부적응적 애도 증상을 적게 경험했다.

외상 후 성장

———

다른 이를 돕고자 하는 이타심의 강화는 **외상 후 성장**의 예이다. 여러 시대의 철학과 문학, 종교에서 고통을 통해 개인이 얻는 것이 있다고 주장했다.[9] 외상 후 성장 개념은 트라우마가 긍정적 변화의 촉매 역할을 할 수 있음을 보여준다.[10] 이 개념은 많은 연구자의 흥미를 끌었고, 외상 후 성장에 관한 연구는 긍정 심리학의 대표적 주제 중 하나가 되었다.[11]

외상 후 성장의 증거

정신적 외상을 초래하는 사건을 경험한 사람 중 30~90%가 트라우마 이후 긍정적 변화가 있었다고 보고했다. (정확한 수치는 사건의 유형과 기타 요인에 따라 달라졌다.)[12] 여러 연구에 따르면, 교통사고(여객선, 비행기, 자동차 사고), 자연재해(허리케인, 지진), 사람 간의 경험(전투, 강간, 성폭행, 아동 학대), 건강 문제(암, 심장 마비, 뇌척수 부상, 에이즈), 기타 인생 경험(관계 파괴, 부모의 이혼, 사별) 등 다양한 외상적 사건을 겪은 사람들이 사건 이후 성장하는 경험을 했다. 또한 일반적으로 생존자의 30~70%가 어떤 형태로든 긍정적 변화를 경험했다고 보고했다.[13]

외상 후 성장 기간 중에는 어떤 일이 발생할까?

다양한 변수가 어떤 상호 작용을 하느냐가 외상 후 성장 여부를 결정짓는 중요 요소이다.[14] 영향을 끼칠 수 있는 변수는 다음과 같다.

생존자의 인지 과정, 사회 참여, 반추, 외상적 사건의 표현 혹은 공개 여부, 생존자가 사건에 대해 공유할 때 주변 사람들의 반응, 외상적 사건 이후 수습 및 조사 노력과 사회 문화적 분위기, 생존자 개인의 성향과 적응 유연성, 해당 사건이 위 과정을 허용하고 억제하는 정도 등이다.

심리적 기능이 어떻게 증진될까?

심리적 외상 사건을 겪은 이후, 많은 사별자가 자신의 심리적 기능이 특정 방식으로 증진되었다고 보고했다.[15]

첫째, **다른 사람과의 관계가 좋아졌다.** (예: 친구와의 우정을 중시하게 되었고, 가족이 더욱 소중해졌으며, 타인과 교감하며 친밀한 관계를 맺는 것을 더욱 원하게 되었다.) 둘째, **자기관이 바뀌었다.** (예: 지혜와 강인함, 감사하는 마음을 갖게 되었다. 나의 약점과 한계를 인정한다.) 셋째, **삶의 철학이 바뀌었다.** (예: 매일 새로운 하루가 시작되는 것에 감사하고, 삶에서 진짜 중요한 것이 무엇인지 다시금 평가하게 되었다. 물질을 추구하는 성향이 줄고, 현재를 더욱 소중히 여기게 된다. 이러한 우선순위의 재정립은 **핵심 가치**의 파악과 연관이 있다.)

외상 후 성장은 마음속에서 부서진 **가정적 세계**를 재건하는 것이다. 트라우마를 겪기 전의 인생으로 돌아가려고 노

력하는 대신, '이전 세계가 무너졌음을 인정하고 다시 일어
나는 사람들이 더욱 강한 적응 유연성을 보였고, 새로운 삶
에 열린 태도를 보였다.'[16]

주

01 상실과 사별, 애도의 의미

1 Doka & Martin (2010)

2 Rando (1993)

3 Parkes (2006) (p. 166)

4 Raphael (1984) (p. 227)

5 Parkes (1971)

6 라파엘은 『사별의 해부: 상담자를 위한 안내서 *The Anatomy of Bereavement: A Handbook for the Caring Professions*』(1984)에서 '지연된', '억제된' 슬픔에 주목했고, 볼비는 『애착과 상실 *Attachment and Loss*』(1980)에서 '부재하는 (또는 최소한의)' 슬픔과 '만성적' 슬픔이란 용어를 사용했다.

7 Doka (1989); Doka (2002)

8 Doka & Martin (2010)

9 *Ibid.*

10 *Ibid.*

11 『맥베스』 4막 3장, 209~210행

12 Doka & Martin (2010) (p. 60)

13 Freud (1917/1953)

14 Doka (1989)

15 일반적으로 사랑하는 이가 죽었을 때 나타나는 내적 반응을
    애도grief, 이를 외적으로 표현하는 것을 조의mourning라고 구분하여
    표현한다. 하지만, 필자는 명확성을 기하기 위해 개인이 상실의
    슬픔을 내적·외적으로 표현하는 것을 모두 '애도grief'란 용어로
    설명하고, '조의mourning'는 사별 후 진행되는 사회적 의식을 나타낼
    때만 사용하였다.

16 Abse (2007); Barnes (2013); Lewis (1961)

17 Parkes (1965a); Parkes (1965b)

18 Parkes (1970)

19 사별 이후 특정 순간에 애도 반응이 격화되거나, 애도자가 상실에
    거의 완벽히 적응한 이후에도 애도 반응이 다시 나타날 수 있다는
    것이 통념이다. '기념일 반응anniversary reaction'은 기일을 지칭하는
    용어이지만, 그 외의 많은 기념일과 첫 경험(가령, 사별 후 첫
    크리스마스나 고인의 생일, 첫 결혼기념일 등)도 동일한 결과를 가져올
    수 있다.

20 Glick et al. (1974)

21 대조군(또는 비교 집단) 설정의 목적은 주요한 차이가 사별 경험의
    여부에 따라 나타난다는 것을 확실하게 하는 것이다. 덕분에
    연구진은 두 집단 사이에서 관찰되는 심리적/정신적 차이가 (연령 등
    다른 변수가 아니라) 사별 경험 때문에 발생했다고 주장할 수 있었다.

22 Parkes (2006)

02 애도는 어떤 경험인가?

1 엄밀히 말해, '이론'은 어떤 현상을 설명하는 것이지, 단순한 묘사가
   아니다. 그런데도 (볼비, 볼비와 파크스, 퀴블러로스 같은) 슬픔의
   단계나 국면에 대한 설명은 일반적으로 '이론'이라고 불린다.

2 Bowlby (1980); Bowlby & Parkes (1970)

3   Kübler-Ross (1969)

4   March & Doherty (1999)

5   Parkinson (1992)

6   Bowlby (1980)

7   Parkinson (1992)

8   Archer (1999)

9   Lewis (1961) (p. 49)

10 *Ibid.* (pp. 50-51)

11 Parkes (2013)

12 Robertson & Bowlby (1952)

13 Ramsay & de Groot (1977)

14 Barnes (2013)

15 Archer (1999)

16 Parkes & Prigerson (2010)

17 Maciejewski et al. (2007)

18 Parkes & Prigerson (2010)

19 Prigerson & Maciejewski (2008)

20 Lakoff & Johnson (1980)

21 Nadeau (2008)

22 Corless et al. (2014)

23 Cockburn (2015)

24 Lewis (1961) (p. 5)

25 Dixey (2016) (p. 92)

26 Hirsch (2014) *Gabriel*

27 Froggatt (1998)

28 Moules, Simonson, Prins et al. (2004)

29 Nadeau (2008)

30 Tonkin (1996)

31 Graves (2009) (p. 147)

32 *Ibid.*

33 Abse (2007) (p. 13)

34 *Ibid.* (p. 106)

35 Weiss (1993)

36 Wortman & Silver (1989)

37 Wortman & Boerner (2011)

38 Bonnano (2009)

39 *Ibid.* (p. 7 - 8)

40 *Ibid.*

41 *Ibid.*

42 Kastenbaum (2008)

03 우리는 왜 애도하는가?

1 Parkes (2006) (p. 1)

2 로렌츠는 새끼 거위와 오리가 부화 이후 처음 본 대상을 따르는
본능이 있음을 밝혔다. 처음 본 대상에 각인된 것이다. (대부분 어미
새에 각인되지만, 잘 알려진 대로 로렌츠에게 각인된 새도 있었다.) 각인
대상은 새끼 새를 안전하게 보호하고 먹이를 제공하는 존재이다.

3 어미에게서 분리된 붉은 원숭이 새끼들은 젖병이 달렸지만 차가운
철사 모형의 대리 엄마보다는 부드러운 헝겊으로 덮여 있는 모형에
더욱 애착을 보였다.

4 Fletcher (2002) (p. 89)

5 Shaver et al. (1996)

6 Shaver & Fraley (2008)

7 Ainsworth et al. (1978)

8 Main (1991)

9 Hazan & Shaver (1987)

10 Parkes (2006)

11 Freud (1912 – 13/1961) (p. 65)

12 Stroebe & Schut (1999)

13 Stroebe (1992)

14 Lindemann (1944)

15 Bowlby (1979)

16 Stroebe & Schut (1999)

17 Stroebe (1992)

18 Wortman & Silver (1987)

19 Stroebe & Schut (2010)

20 Worden(2009) 소제목에 '애도mourning'라는 단어를 사용한 것에 주목하자. 프로이트의 용례를 반영하여 사용한 것이지 일반적 '애도grieving'를 의미하지 않는다. 1장 참조.

21 Gorer (1965)

22 Corr & Corr (2013)

23 Parkes (1993)

24 *Ibid*. (p. 94)

25 *Ibid*. (p. 95)

26 Parkes (2006)

27 Stroebe & Schut (1999)

28 Stroebe & Schut (2010)

29 Zech & Arnold (2011)

30 Stroebe et al. (2005)

31 Ogden et al. (2006)

32 Stroebe & Schut (2010)

33 Wikan (1988)

34 이중 과정 모형DPM을 보완하는 이론은 루빈Rubin(1999)의 투트랙

모형two-track model이다. Gross (2016) 참조.

35 Fraley & Shaver (1999)

36 사실, 프로이트는 (적어도 사적인 서신상으로는) 후대의 저자들이
    프로이트의 영향을 받았다며 제시한 극단적인 의견에 동의한 적이
    없다(Shaver & Fraley, 2008).

37 Stroebe & Schut (2005)

38 Lewis (1961) (p. 6)

39 Field (2006)

40 Bowlby (1980) (p. 100)

41 Yo et al. (2013)

04 적절한 애도란 무엇인가?

1 Prior (1989)

2 Lindemann (1944)

3 Engel (1961)

4 Prior (1989)

5 사별의 슬픔은 프로이트의 심리 성적 발달 단계, 에릭슨의 심리
   사회적 발달 이론, 피아제의 인지 발달 이론에 나오는 발달 단계와
   유사하다. Gross (2015) 참조.

6 Cited in Prior (1989)

7 *Ibid.*

8 Radcliffe-Brown (1922)

9 Prior (1989) (p. 109)

10 Gorer (1965) (p. 113)

11 Walter (1993)

12 *Ibid.*

13 Aries (1981)

14 Walter (1993)

15 Becker (1973)

16 Clark (1993)

17 Cook (2013)

18 *Ibid.*

19 *Ibid.*

20 *Ibid.*

21 *Ibid.*

22 Parkes & Prigerson (2010)

23 *Ibid.* (p. 205)

24 *Ibid.*

25 Nichols & Nichols (1975)

26 Orbach (1999)

27 Holloway et al. (2013)

28 *Ibid.*

29 Holloway et al. (2011)

30 *Ibid.*

31 *Ibid.*

32 Attig (2004)

33 Doka (2002)

34 Shapiro (2013)

35 Klass & Chow (2011)

36 Rosenblatt (1975)

37 Klass & Chow (2011)

38 *Ibid.*

39 *Ibid.*

40 Neimeyer (2001)

41 Walter (1999)

42 Klass & Chow (2011)

43 Kleinman & Kleinman (1985)

44 Klass & Chow (2011)

05 고인과의 관계, 그리고 애도

1   Carr & Jeffreys (2011)

2   Bennett & Soulsby (2012)

3   *Ibid.*

4   Parkes (2006)

5   *Ibid.*

6   Parkes (2006) (p. 158)

7   Debbie Kerslake, Cruse Chief Executive, personal communication.

8   Parkes (2006)

9   Abrams (1992)

10 *Ibid.* (p xiii)

11 Balk (2013)

12 Moss et al. (2001)

13 Parkes (2006)

14 *Ibid.*

15 *Ibid.* (p. 160)

16 Dunn (2000)

17 Marshall & Davies (2011)

18 *Ibid.*

19 Rowe (2007)

20 Connidis (1992)

21 Rowe (2007)

22 Raphael (1984) (p. 227)

23 Parkes (2006) (p. 166)

24 이는 정서 진화 이론으로 설명할 수 있다. Gross (2016) 참조.

25 Parkes (2006)

26 Raphael (1984)

27 *Ibid.*

28 Buggins (1995)

29 Balk (2013)

30 Raphael (1984)

31 *Ibid.*

32 Prigerson & Jacobs (2001)

33 Umphrey & Cacciotore (2014)

34 *Ibid.*

35 Buckle & Fleming (2011)

36 *Ibid.* (p. 93)

06 지나칠 정도의 애도는 정상인가?

1   Freud (1917/1953)

2   Bowlby (1980)

3   Kübler-Ross (1969)

4   Worden (1982)

5   Stroebe & Schut (1999, 2010)

6   Parkes (1972)

7   Klass et al. (1999)

8   Bonnano (2009)

9   Currier et al. (2008)

10 Klass et al. (1999)

11 Carr (2010)

12 Stroebe & Schut (2010)

13 Zech & Arnold (2011)

14 *Ibid.*

15 Stroebe et al. (2005)

16 Neimeyer (2011)

17 Jordan & McIntosh (2011)

18 Keesee et al. (2008)

19 Neimeyer & Jordan (2013)

20 Stroebe et al. (2013)

21 Parkes & Prigerson (2010)

22 *Ibid.*

23 Neimeyer & Jordan (2013)

24 Rando (2013)

25 Parkes & Prigerson (2010)

26 Burke & Neimeyer (2013)

27 Rosenblatt (2013)

28 *Ibid.*

29 Parkes & Prigerson (2010)

30 Parkes & Weiss (1983)

31 Raphael (1984)

32 Parkes & Prigerson (2010)

33 Jordan & McIntosh (2011)

34 *Ibid.*

35 Pitman et al. (2014)

36 Jordan & McIntosh (2011) (p. 227)

37 Payne et al. (2008)

07 성장이라는 애도의 긍정적 측면

1 Neimeyer & Sands (2011) (p. 9) (emphasis in original)

2 *Ibid.* (p. 10)

3 *Ibid.*

4 Neimeyer (2006)

5 Neimeyer & Sands (2011)

6 Attig (2000)

7 Prigerson et al. (2009)

8 Keesee et al. (2008)

9 Linley & Joseph (2003)

10 Tedeschi & Calhoun (1996)

11 Seligman (2011)

12 Calhoun & Tedeschi (1999)

13 Linley & Joseph (2004)

14 Calhoun et al. (2010)

15 Joseph (2012)

16 *Ibid.* (p. 817)

추가자료

도서

Abrams, R. (1992) *When Parents Die*. London: Charles Letts & Co. Ltd.

Abse, D. (2007) *The Presence*. London: Hutchinson.

Astley, N. (2003) (ed.) *Do Not Go Gentle: Poems for Funerals*. Tarset: Bloodaxe Books.

Benson, J. & Falk, A. (1996) (eds.) *The Long Pale Corridor: Contemporary Poems of Bereavement*. Newcastle-upon-Tyne: Bloodaxe Books.

Bonanno, G. A. (2009) *The Other Side of Sadness*. New York: Basic Books.

Bradley, R. (2016) *A Matter of Life and Death*. London: Jessica Kingsley Publishers.

Cockburn, A. M. (2015) *5,742 Days: A Mother's Journey Through Loss*. Oxford: Infinite Ideas Limited.

Dinnage, R. (1990) *The Ruffian on the Stair: Reflections on Death*. London: Penguin.

Keizer, B. (1997) Da*ncing with Mister D: Notes on Life and Death*. London: Black Swan.

Kübler-Ross, E. (1998) *The Wheel of Lif*e: *A Memoir of Living and*

Dying. London: Bantam.

Lewis, C. S. (1961) *A Grief Observed*. London: Faber & Faber.

Parkes, C. M. & Prigerson, H. G. (2010) *Bereavement: Studies of Grief in Adult Life* (4th edition). London: Penguin Books.

Paterson, D. (2012) (ed.) *The Picador Book of Funeral Poems*. London: Picador.

Samuel, J. (2017) *Grief Works: Stories of Life, Death and Surviving*. London: Penguin Life.

Yalom, I. D. (2015) *Creatures of a Day: And Other Tales of Psychotherapy*. London: Piatkus.

영화

Amour (2012) Directed by Michael Haneke.

Ghost (1990) Directed by Jerry Zucker.

Ordinary People (1980) Directed by Robert Redford.

Truly, Madly, Deeply (1990) Directed by Anthony Minghel.

웹사이트

Age UK www.ageuk.org.uk

American Association of Suicidology (AAS) www.suicidology.org

American Foundation for Suicide Prevention (AFSD) www.afsp.org

Bereavement UK www.bereavement.co.uk

BRAKE (The Road Safety Charity) www.brake.org.uk

British Association for Counselling and Psychotherapy (BACP) www.bacp.co.uk

British Humanist Association www.humanism.org.uk

Centre for Suicide Research (University of Oxford) www.psychiatry.ox.ac.uk/csr

Childhood Bereavement Network
www.childhoodbereavementnetwork.org.uk

Childline www.childline.org.uk

Cremation Society of GB www.cremation.org.uk

Cruse Bereavement Care www.crusebereavementcare.org.uk

Dying Matters www.dyingmatters.org

Grief Encounter www.griefencounter.com

Healthtalkonline www.healthtalkonline.org

Homicide Victims' Support Group (Australia) Inc. hvsgnsw.org.au

Inquest www.inquest.org.uk

Interfaith Seminary www.theinterfaithseminary.com

International Association for Suicide Prevention (IASP) www.iasp.info

Islamic Cultural Centre www.iccuk.org

Jewish Bereavement Counselling Service www.jbcs.org.uk

Lullaby Trust www.lullabytrust.org.uk

Macmillan Cancer Support www.macmillan.org.uk

Merry Widow www.merrywidow.me.uk

MIND (The National Mental Health Charity) www.mind.org.uk

Miscarriage Association www.miscarriageassociation.org.uk

Much Loved (online tribute charity) www.muchloved.com

National Association of Bereavement Services www.self-help.org.uk

National Association of Funeral Directors (NAFD) www.nafd.org.uk

National Association of Victim Support Schemes
www.counselling-directory.org.uk

Natural Death Centre www.naturaldeath.org.uk

PAPYRUS www.papyrus-uk.org

Roadpeace www.roadpeace.org

Royal Society for the Prevention of Accidents (ROSPA) www.rospa.com

Samaritans www.samaritans.org.uk

SAMM (Support after Murder and Manslaughter) www.samm.org.uk

SAMMA (Support after Murder and Manslaughter Abroad)
www.sammabroad.org

Sands (Stillbirth and Neonatal Death Charity) www.uk-sands.org

SAVE (Suicide Awareness Voices of Education) www.save.org/coping

SCARD (Support and Care After Road Death) www.scard.org.uk

Siblinks www.siblinks.org

SOBS (Survivors of Bereavement by Suicide) www.uk-sobs.org.uk

Suicide Prevention Information New Zealand (SPINZ) www.spinz.org.nz

Switchboard, the LGBT+ Helpline www.pinknews.co.uk

Teenage Cancer Trust www.teenagecancertrust.org

The Child Bereavement Trust www.childbereavement.org.uk

The Compassionate Friends: Shadow of Suicide Group (SOS)
www.tcf.org.uk

The Compassionate Friends www.tcf.org.uk

Together for Short Lives www.togetherforshortlives.org.uk

WAY Widowed And YOUNG www. widowedandyoung.org

Westminster Pastoral Foundation www.wpf.org.uk

Winston's Wish www.winstonswish.org.uk

Women's Therapy Centre (WTC) www.womenstherapycentre.co.uk

참고문헌

Abrams, R. (1992) *When Parents Die*. London: Charles Letts & Co.

Abse, D. (2007) *The Presence*. London: Hutchinson.

Ainsworth, M. D. S., Blehar, N. C., Waters, E. & Wall, S. (1978) *Patterns of Attachment: A Psychological Study of the Strange Situation*. Hillsdale, NJ: Lawrence Erlbaum Associates.

American Psychiatric Association (2000) *Diagnostic and Statistical Manual of Mental Disorders* (4th edition revised). Washington, DC: American Psychiatric Association.

Archer, J. (1999) *The Nature of Grief: The Evolution and Psychology of Reactions to Loss*. London: Routledge.

Aries, P. (1981) *The Hour of Our Death*. London: Allen Lane.

Attig, T. (2000) *The Heart of Grief*. New York: Oxford University Press.

Attig, T. (2004) Disenfranchised grief revisited: Discounting hope and love. *Omega*, 49(3), 197–215.

Balk, D. E. (2013) Life span issues and loss, grief and mourning: Adulthood. In D. K. Meagher & D. E. Balk (eds.) *Handbook of Thanatology: The Essential Body of Knowledge for the Study of Death, Dying and Bereavement* (2nd edition). New York: Routledge.

Barnes, J. (2013) *Levels of Life*. London: Jonathan Cape.

Becker, E. (1973) *The Denial of Death*. New York: Free Press.

Bennett, K. M. & Soulsby, L. K. (2012) Wellbeing in bereavement and widowhood. *Illness, Crisis & Loss*, 20(4), 321–337.

Bonnano, G. A. (2009) *The Other Side of Sadness: What the New Science of Bereavement Tells Us About Life After Loss*. New York: Basic Books.

Bowlby, J. (1979) The making and breaking of affectional bonds. In J. Bowlby (ed.) *The Making and Breaking of Affectional Bonds*. London: Tavistock.

Bowlby, J. (1980) *Attachment and Loss, Vol. 3: Loss, Sadness, and Depression*. London: Hogarth Press.

Bowlby, J. & Parkes, C. M. (1970) Separation and loss within the family. In E. J. Anthony (ed.) *The Child in His Family*. New York: Wiley.

Buckle, J. L. & Fleming, S. J. (2011) Parenting challenges after the death of a child. In R. A. Neimeyer et al. (eds.) *Grief and Bereavement in Contemporary Society: Bridging Research and Practice*. New York: Routledge.

Buggins, E. (1995) Mind your language. *Nursing Standard*, 10(1), 21–22.

Burke, L. A. & Neimeyer, R. A. (2013) Prospective risk factors for complicated grief: A review of the empirical literature. In M. Stroebe et al. (eds.) *Complicated Grief: Scientific Foundations for Health Care Professionals*. London: Routledge.

Calhoun, L. G., Cann, A. & Tedeschi, R. G. (2010) The posttraumatic growth model: Socio-cultural considerations. In T. Weiss & R. Berger (eds.) *Posttraumatic Growth and Culturally Competent Practice: Lessons Learned from Around the Globe*. New York: Wiley.

Calhoun, L. G. & Tedeschi, R. G. (1999) *Facilitating Posttraumatic Growth: A Clinician's Guide*. Mahwah, NJ: Lawrence Relbaum.

Carr, D. (2010) New perspectives on the dual process model (DPM):
What have we learned? What questions remain? *Omega: Journal of
Death & Dying*, 63, 371–380.

Carr, D. & Jeffreys, J. S. (2011) Spousal bereavement in later life. In R. A.
Neimeyer et al. (eds.) *Grief and Bereavement in Contemporary
Society: Bridging Research and Practice*. New York: Routledge.

Clark, D. (1993) Death in Staithes. In D. Dickenson & M. Johnson
(eds.) *Death, Dying and Bereavement*. London: Sage Publications and
the Open University. (Abridged extract from *Between Pulpit and Pew*
(1982) Cambridge: Cambridge University Press.)

Cockburn, A. M. (2015) *5,742 Days: A Mother's Journey Through Loss*.
Oxford: Infinite Ideas Limited.

Connidis, I. A. (1992) Life transitions and the adult sibling tie:
A qualitative study. *Journal of Marriage & The Family*, 54(4),
972–982.

Cook, A. S. (2013) The family, larger systems, and loss, grief and
mourning. In D. K. Meagher & D. E. Balk (eds.) *Handbook of
Thanatology: The Essential Body of Knowledge for the Study of Death,
Dying and Bereavement* (2nd edition). New York: Routledge.

Corless, B., Limbo, R., Bousso, R. S. et al. (2014) Language of grief:
A model for understanding the expressions of the bereaved. *Health
Psychology & Behavioural Medicine*, 2(1), 132–143.

Corr, C. A. & Corr, D. M. (2013) Culture, socialisation, and dying. In D.
K. Meagher & D. E. Balk (eds.) *Handbook of Thanatology: The
Essential Body of Knowledge for the Study of Death, Dying and
Bereavement* (2nd edition). New York: Routledge.

Currier, J. M., Neimeyer, R. A. & Berman, J. S. (2008) The effectiveness
of psychotherapeutic interventions for the bereaved:

A comprehensive qualitative study. *Psychological Bulletin*, 134, 648–661.

Dixey, R. (2016) Wish me luck as you wave me goodbye. *Bereavement Care*, 35(3), 92–93.

Doka, K. J. (1989) *Disenfranchised Grief: Recognising Hidden Sorrow*. San Francisco, CA: Jossey–Bass.

Doka, K. J. (2002) *Disenfranchised Grief: New Directions, Challenges and Strategies for Practice*. Champaign, IL: Research Press.

Doka, K. J. & Martin, T. L. (2010) *Grieving Beyond Gender: Understanding the Ways Men and Women Mourn* (revised edition). New York: Routledge.

Dunn, J. (2000) Siblings. *The Psychologist*, 13(5), 244–248. (p. 244).

Engel, G. (1961) Is grief a disease? *Psychosomatic Medicine*, 23, 18–22.

Field, N. P. (2006) Unresolved grief and Continuing Bonds: An attachment perspective. *Death Studies*, 30, 739–756.

Fletcher, G. (2002) *The New Science of Intimate Relationships*. Oxford: Blackwell.

Fraley, R. C. & Shaver, P. R. (1999) Loss and bereavement: Bowlby's theory and recent controversies concerning grief work and the nature of detachment. In J. Cassidy & P. R. Shaver (eds.) *Handbook of Attachment: Theory, Research and Clinical Applications*. New York: Guilford Press.

Freud, S. (1912–13/1961) *Totem and Taboo: Standard Edition of the Complete Psychological Works of Sigmund Freud*, Vol. 13. London: Hogarth Press.

Freud, S. (1917/1953) *Mourning and Melancholia: Standard Edition of the Complete Psychological Works of Sigmund Freud*, Vol. 14. London: Hogarth Press.

Froggatt, K. (1998) The place of metaphor and language in exploring nurses' emotional work. *Journal of Advanced Nursing*, 28(2), 332–338.

Glick, I., Parkes, C. M. & Weiss, R. S. (1974) *The First Year of Bereavement*. Chichester: Wiley Interscience.

Gorer, G. (1965) *Death, Grief, and Mourning in Contemporary Britain*. London: Cresset.

Graves, J. (2009) *Talking with Bereaved People: An Approach for Structured and Sensitive Communication*. London: Jessica Kingsley Publishers.

Gross, R. (2015) *Psychology: The Science of Mind and Behaviour* (7th edition). London: Hodder Education.

Gross, R. (2016) *Understanding Grief: An Introduction*. London: Routledge.

Hazan, C. & Shaver, P. R. (1987) Romantic love conceptualised as an attachment process. *Journal of Personality & Social Psychology*, 52(3), 511–524.

Hirsch, E. (2014) *Gabriel: A Poem*. New York: Knopf Publishing Group.

Holloway, M., Adamson, S., Argyrou, V. et al. (2013) 'Funerals aren't nice but it couldn't have been nicer': The makings of a good funeral. *Mortality*, 18(1), 30–53.

Holloway, M., Adamson, S., McSherry, W. & Swinton, J. (2011) *Spiritual Care at the End of Life: A Systematic Review of the Literature*. Retrieved from www.dh.gov.uk/publications

Jordan, J. R. & McIntosh, J. L. (2011) Is suicide bereavement different? Perspectives from research and practice. In R. A. Neimeyer et al. (eds.) *Grief and Bereavement in Contemporary Society: Bridging Research and Practice*. New York: Routledge.

Joseph, S. (2012) What doesn't kill us ... *Psychologist*, 25(11), 816-819.

Kastenbaum, R. (2008) Grieving in contemporary society. In M. S. Stroebe, R. O. Hansson, H. Schut & W. Stroebe (eds.) *Handbook of Bereavement Research and Practice: Advances in Theory and Intervention*. Washington, DC: American Psychological Association.

Keesee, N. J., Currier, J. M. & Neimeyer, R. A. (2008) Predictors of grief following the death of one's child: The contribution of finding meaning. *Journal of Clinical Psychology*, 64, 1145-1163.

Klass, D. & Chow, A. Y. M. (2011) Culture and ethnicity in experiencing, policing and handling grief. In R. A. Neimeyer et al. (eds.) *Grief and Bereavement in Contemporary Society: Bridging Research and Practice*. New York: Routledge.

Klass, D., Siverman, P. R. & Nickman, S. (1999) (eds.) *Continuing Bonds: New Understandings of Grief*. Washington, DC: Taylor & Francis.

Kleinman, A. & Kleinman, J. (1985) Somatisation: The interconnections in Chinese society among culture, depressive experiences, and the meanings of pain. In A. Kleinman & B. Good (eds.) *Culture and Depression: Studies in the Anthropology and Cross-Cultural Psychology of Affect and Disorder*. Berkeley, CA: University of California Press.

Kübler-Ross, E. (1969) *On Death and Dying*. London: Tavistock/ Routledge.

Lakoff, G. & Johnson, M. (1980) (New Afterword, 2003) *Metaphors We Live By*. Chicago: University of Chicago Press.

Lewis, C. S. (1961) *A Grief Observed*. London: Faber & Faber.

Lindemann, E. (1944) The symptomatology and management of acute grief. *American Journal of Psychiatry*, 101, 155-160.

Linley, P. A. & Joseph, S. (2003) Trauma and personal growth.

Psychologist, 16(3), 135.

Linley, P. A. & Joseph, S. (2004) Positive change processes following
    trauma and adversity: A review of the empirical literature. *Journal of*
    Traumatic Stress, 17, 11–22.

Maciejewski, P. K., Zhang, B., Block, S. D. & Prigerson, H. G. (2007)
    An empirical investigation of the stage theory of grief. *Journal of the*
    American Medical Association, 297(7), 716–723.

Main, M. (1991) Metacognitive knowledge, metacognitive monitoring,
    and singular (coherent) versus multiple (incoherent) models of
    attachment: Findings and directions for future research. In C. M.
    Parkes, J. M. Stephenson–Hinde & P. Marris (eds.) *Attachment Across*
    the Life Cycle. London: Routledge.

March, P. & Doherty, C. (1999) Dying and bereavement. In D. Messer
    & F. Jones (eds.) *Psychology and Social Care*. London: Jessica
    Kingsley Publishers.

Marshall, B. & Davies, B. (2011) Bereavement in children and adults
    following the death of a sibling. In R. A. Neimeyer et al. (eds.) *Grief*
    and Bereavement in Contemporary Society: Bridging Research and
    Practice. New York: Routledge.

Moss, M. S., Moss, S. Z. & Hansson, R. (2001) Bereavement in old age.
    In M. Stroebe et al. (eds.) *Handbook of Bereavement Research:*
    Consequences, Coping and Care. Washington, DC: American
    Psychological Association.

Moules, N. J., Simonson, K., Prins, M. et al. (2004) Making room for
    grief: Walking backwards and living forward. *Nursing Inquiry*, 11(2),
    99–107.

Nadeau, J. W. (2008) Meaning–making in bereaved families: Assessment,
    intervention and future research. In M. S. Stroebe, R. O. Hansson, H.

Schut & W. Stroebe (eds.) *Handbook of Bereavement Research and Practice: Advances in Theory and Intervention*. Washington, DC: American Psychological Association.

Neimeyer, R. A. (2001) Meaning reconstruction and loss. In R. A. Neimeyer (ed.) *Meaning Reconstructions and the Experience of Loss*. Washington, DC: American Psychological Association.

Neimeyer, R. A. (2006) Complicated grief and the quest for meaning: A constructivist contribution. *Journal of Death & Dying*, 52, 37–52.

Neimeyer, R. A. (2011) Reconstructing meaning in bereavement. In W. Watson & D. Kissane (eds.) *Handbook of Psychotherapies in Cancer Care*. New York: Wiley.

Neimeyer, R. A. & Jordan, J. R. (2013) Historical and contemporary perspectives on assessment and intervention. In D. K. Meagher & D. E. Balk (eds.) *Handbook of Thanatology: The Essential Body of Knowledge for the Study of Death, Dying and Bereavement* (2nd edition). New York: Routledge.

Neimeyer, R. A. & Sands, D. C. (2011) Meaning reconstruction in bereavement: From principles to practice. In R. A. Neimeyer, D. L. Harris, H. R. Winokuer & G. F. Thornton (eds.) *Grief and Bereavement in Contemporary Society: Bridging Research and Practice*. New York: Routledge.

Nichols, R. & Nichols, J. (1975) Funerals: A time for grief and growth. In E. Kübler-Ross (ed.) *Death: The Final Stage of Growth*. Englewood Cliffs, NJ: Prentice Hall.

Ogden, P., Minton, K. & Pain, C. (2006) *Trauma and the Body: A Sensorimotor Approach to Psychotherapy*. New York: Norton.

Orbach, A. (1999) *Life, Psychotherapy, and Death: The End of Our Exploring*. London: Jessica Kingsley Publishers.

Parkes, C. M. (1965a) Bereavement and mental illness: Part 1. A clinical study of the grief of bereaved psychiatric patients. *British Journal of Medical Psychology*, 38, 1–12.

Parkes, C. M. (1965b) Bereavement and mental illness: Part 2. A classification of bereavement reactions. *British Journal of Medical Psychology*, 38, 13–26.

Parkes, C. M. (1970) The first year of bereavement: A longitudinal study of the reaction of London widows to the death of their husbands. *Psychiatry*, 33, 444–467.

Parkes, C. M. (1971) Psychosocial transitions: A field for study. *Social Science & Medicine*, 5, 101–115.

Parkes, C. M. (1972) *Bereavement: Studies of Grief in Adult Life*. London: Tavistock Publications.

Parkes, C. M. (1993) Bereavement as a psychosocial transition: Processes of adaptation to change. In M. S. Stroebe, W. Stroebe & R. O. Hansson (eds.) *Handbook of Bereavement: Theory, Research and Intervention*. New York: Cambridge University Press.

Parkes, C. M. (2006) *Love and Loss: The Roots of Grief and Its Complications*. London: Routledge.

Parkes, C. M. (2013) Elizabeth Kübler-Ross, On Death and Dying: A Reappraisal. *Mortality: Promoting the Interdisciplinary Study of Death and Dying*, 18(1), 94–97.

Parkes, C. M. & Prigerson, H. G. (2010) *Bereavement: Studies of Grief in Adult Life* (4th edition). London: Penguin Books.

Parkes, C. M. & Weiss, R. S. (1983) *Recovery from Bereavement*. New York: Basic Books.

Parkinson, P. (1992) Coping with dying and bereavement. *Nursing Standard*, 6(17), 36–38.

Payne, S., Swami, V. & Stanistreet, D. (2008) The social construction of gender and its impact on suicidal behaviour. *Journal of Men's Health & Gender*, 5(1), 23–35.

Pitman, A., Osborn, D. P. J., King, M. B. & Erlangsen, A. (2014) Effects of suicide bereavement on mental health and suicide risk. *Lancet Psychiatry*, 1(1), 86–94.

Prigerson, H. G., Horowitz, M. J., Jacobs, S. C. et al. (2009) Prolonged grief disorder: Psychometric validation of criteria proposed for DSM–V and ICD– 11. *PLoS Medicine*, 6(8), E1000121.

Prigerson, H. G. & Jacobs, S. C. (2001) Traumatic grief as a distinct disorder: A rationale, consensus criteria, and preliminary empirical test. In M. Stroebe et al. (eds.) *Handbook of Bereavement Research: Consequences, Coping and Care*. Washington, DC: American Psychological Association.

Prigerson, H. G. & Maciejewski, P. K. (2008) Grief and acceptance as opposite sides of the same coin: Setting a research agenda for studying peaceful acceptance of loss. *British Journal of Psychiatry*, 193, 435–437.

Prior, L. (1989) *The Social Organization of Death*. London: Macmillan.

Radcliffe–Brown, A. R. (1922) *The Andaman Islanders*. Cambridge: Cambridge University Press.

Ramsay, R. & de Groot, W. (1977) A further look at bereavement. Paper presented at EATI conference, Uppsala. Cited in P.E. Hodgkinson (1980) Treating abnormal grief in the bereaved. *Nursing Times*, 17 January, 126–128.

Rando, T. (1993) *Treatment of Complicated Mourning*. Champaign, IL: Research Press.

Rando, T. (2013) On achieving clarity regarding complicated grief:

Lessons from clinical practice. In M. Stroebe et al. (eds.) *Complicated Grief: Scientific Foundations for Health Care Professionals*. London: Routledge.

Raphael, B. (1984) *The Anatomy of Bereavement: A Handbook for the Caring Professions*. London: Hutchinson.

Robertson, J. & Bowlby, J. (1952) Responses of young children to separation from their mothers. *Courier of the International Children's Centre*, Paris, II, 131–140.

Rosenblatt, P. C. (1975) Use of ethnography in understanding grief and mourning. In B. Schoenberg et al. (eds.) *Bereavement: Its Psychosocial Aspects*. New York: Columbia University Press.

Rosenblatt, P. C. (2013) Culture and socialisation in death, grief, and mourning. In M. Stroebe et al. (eds.) *Complicated Grief: Scientific Foundations for Health Care Professionals*. London: Routledge.

Rowe, D. (2007) *My Dearest Enemy, My Dangerous Friend: Making and Breaking Sibling Bonds*. Hove: Routledge.

Rubin, S. (1999) The two-track model of bereavement: Overview, retrospect and prospect. *Death Studies*, 23, 681–714.

Seligman, M.E.P. (2011) *Flourish*. New York: Free Press.

Shapiro, E. R. (2013) Culture and socialization in assessment and intervention. In D. K. Meagher & D. E. Balk (eds.) *Handbook of Thanatology: The Essential Body of Knowledge for the Study of Death, Dying and Bereavement* (2nd edition). New York: Routledge.

Shaver, P. R., Collins, N. & Clark, C. L. (1996) Attachment styles and internal working models of self and relationship patterns. In G. J. O. Fletcher & J. Fitness (eds.) *Knowledge Structure in Close Relationships: A Social Psychological Approach*. Mahwah, NJ: Lawrence Erlbaum Associates.

Shaver, P. R. & Fraley, C. (2008) Attachment, loss and grief: Bowlby's views and current controversies. In J. Cassidy & P. R. Shaver (eds.) *Handbook of Attachment* (2nd edition). New York: Guilford Press.

Stroebe, M. (1992) Coping with bereavement: A review of the grief work hypothesis. *Omega*, 26, 19–42.

Stroebe, M., Hansson, R. O., Schut, H. and Stroebe, W. (2008) (eds.) *Handbook of Bereavement Research and Practice: Advances in Theory and Intervention*. Washington, DC: American Psychological Association.

Stroebe, M. & Schut, H. (1999) The dual process model of coping with bereavement: Rationale and description. *Death Studies*, 23, 197–224.

Stroebe, M. & Schut, H. (2010) The dual process model of coping with bereavement: Rationale and description. *Omega*, 61(4), 273–289.

Stroebe, M., Schut, H. & van den Bout, J. (2013) (eds.) Introduction. In *Complicated Grief: Scientific Foundations for Health Care Professionals*. London: Routledge.

Stroebe, W. & Schut, H. (2005) To continue or relinquish bonds: A review of consequences for the bereaved. *Death Studies*, 29, 477–494.

Stroebe, W., Schut, H. & Stroebe, M. (2005) Grief work, disclosure and counselling: Do they help the bereaved? *Clinical Psychology Review*, 25, 395–414.

Tedeschi, R. G. & Calhoun, L. G. (1996) The posttraumatic growth inventory: Measuring the positive legacy of trauma. *Journal of Traumatic Stress*, 9, 455–471.

Tonkin, L. (1996) Growing around grief: Another way of looking at grief and recovery. *Bereavement Care*, 15(11), 10.

Umphrey, L. R. & Cacciotore, J. (2014) Love and death: Relational metaphors following the death of a child. *Journal of Relationships Research*, 5, e4, 1–8.

Walter, T. (1993) Modern death: Taboo or not taboo? *Sociology*, 25(2), 293–310.

Walter, T. (1999) *On Bereavement: The Culture of Grief*. Buckingham: Open University Press.

Weiss, R. (1993) Loss and recovery. In M. Stroebe, W. Stroebe & R. O. Hansson (eds.) *Handbook of Bereavement: Theory, Research and Intervention*. New York: Cambridge University Press.

Wikan, U. (1988) Bereavement and loss in two Muslim communities: Egypt and Bali compared. *Social Science & Medicine*, 27, 451–460.

Worden, J. W. (1982) *Grief Counselling and Grief Therapy: A Handbook for the Mental Health Practitioner*. New York: Springer.

Worden, J. W. (2009) *Grief Counselling and Grief Therapy: A Handbook for the Mental Health Practitioner* (4th edition). New York: Springer.

Wortman, C. B. & Boerner, K. (2011) Beyond the myths of coping with loss: Prevailing assumptions versus scientific evidence. In H. S Friedman (ed.) *Oxford Handbook of Health Psychology*. New York: Oxford University Press.

Wortman, C. B. & Silver, R. C. (1987) Coping with irrevocable loss. In G. R. Vanden Bos & B. K. Bryant (eds.) *Cataclysms, Crises and Catastrophes: Psychology in Action*. Washington, DC: American Psychological Association.

Wortman, C. B. & Silver, R. C. (1989) The myth of coping with loss. *Journal of Consulting & Clinical Psychology*, 57, 349–357.

Yo, S. M. Y., Chan, I. S. F., Ma, E. P. W. & Field, N. P. (2013) Continuing Bonds, attachment style, and adjustment in the conjugal bereavement among Hong Kong Chinese. *Death Studies*, 37, 248–268.

Zech, E. & Arnold, C. (2011) Attachment and coping with bereavement:
Implications for therapeutic interventions with the insecurely
attached. In R. A. Neimeyer, D. L. Harris, H. R. Winokuer & G. F.
Thornton (eds.) *Grief and Bereavement in Contemporary Society:
Bridging Research and Practice*. New York: Routledge.